犀照·意解心开

案頭書
DESK BOOK

是什么引诱了我们

陈蓉霞——著

科学普及出版社
·北京·

图书在版编目（CIP）数据

是什么引诱了我们 / 陈蓉霞著. — 北京：科学普及出版社，2016.5

ISBN 978-7-110-08938-5

Ⅰ. ①是… Ⅱ. ①陈… Ⅲ. ①书评 – 中国 – 现代 – 选集 Ⅳ. ①G236

中国版本图书馆CIP数据核字(2016)第079424号

策划编辑　杨虚杰
责任编辑　鞠　强
装帧创意　林海波
设计制作　犀烛书局
责任校对　杨京华
责任印制　马宇晨

出版发行　科学普及出版社
地　　址　北京市海淀区中关村南大街16号
邮　　编　100081
发行电话　010-62103130
传　　真　010-62179148
投稿电话　010-62103136
网　　址　http://www.cspbooks.com.cn

开　　本　880mm × 1230mm　1/32
字　　数　180千字
印　　张　10
版　　次　2016年5月第1版
印　　次　2016年5月第1次印刷
印　　刷　北京华联印刷有限公司

书　　号　ISBN 978-7-110-08938-5/G · 3920
定　　价　39.00元

目录

序

壹

道德·情感·进化

叁

社会·文化·反思

序

霞光依然普照

文 /柳红

2014年6月8日，在机场等行李时，打开手机，得知陈蓉霞7日去世。从昨天到今天，我的心里面始终有一个隐隐作痛的地方，是想念，也是深深的遗憾和自责的疼痛。

与陈蓉霞很久没有联系了，好像她住进一个记忆的房间。她患病多年，给我的感觉是：她心里有数，谨慎治病加不停歇地工作，进入了一种稳定状态。她是不“打扰”别人的人，不诉“苦”，除非你一直在她的生活里，一直跟随她生活的过程，会听到她的倾诉；而对于身陷困境的朋友，她则是牵挂着并给予关怀。这个死讯，真是猝不及防地把我掀翻了，也让我第一次意识到自己不曾意识到的东西，那就是，我多么渴望和陈蓉霞说话，多么渴望陪她一段时间啊。

在我困难的岁月，陈蓉霞是一位陪伴者。虽然我们身处北京和上海两地，但是，居家工作，使我们很方便通话。从十多年前开始，我们先后，也有同时，各自经历了一些事变和转折：我单独带儿子，她单独带女儿；我儿子生病，她母亲生病；彼此分担陪护危重病人的惊恐和苦乐；也分享他们多吃了一口，多睡了一会儿，精神好一分，指标长一点的好消息；之后是经历失丧之痛。一路走来，对于整个过程以及世事人生的理解，我们有很多交流。然而这种交流不知不觉地中断了，主要是因为我，因为我的忙碌和被占满，因为我的疏忽。

先前的邮箱报废了。今天下午，在后来的信箱里翻找她的痕迹。看到2006年10月她的几封来信，复制两封如下：

柳红：这两日没见你的信，也不知情况如何？是依然在谷底呢？还是有了转机？真是忧心忡忡哪！

空下时总在想着子尤的病情，相信他定会迎来转机，定会出现医生所说的奇迹。只是希望的曙光何不早些露脸呢？等得人心焦哪。

祈盼子尤早些康复！

陈蓉霞

柳红：读信两遍。字字都有你们的信心及磨难。我们对人体的奥秘实在知道得太少，不知这是怎么回事。也许，有时也不必知道得太多，坚强乐观和信心才更重要？

刚读《文汇报》上的一篇文章，才知有这么一位学者，张文江，不出名吧，但却是一个实实在在的读书人，殊不知，他还曾做过两次肝移植手术，在医院里磨难了一年多，与死神搏斗过两回，但在病床上依然著书授课，在生死边缘工作。不为别的，就为他爱着这份事业。

最终他从危险中闯了过来。读到这里，我倍感庆幸欣慰。想到生活给人这么多磨难，有些人承担得更为深重，如子尤，及张文江，但却成就了他们的精彩人生。我期待为子尤感到庆幸欣慰的时刻的到来。虽说等待的时间已不算短，但人生更长。耐心和信心将成就我们的等待。

陈蓉霞

像她这样，来自四面八方的关心和惦记，撑着我的精神，燃着生命的火；而我，却在她生命的最后阶段完全缺席。

陈蓉霞，1983年毕业于华东师范大学生物学系；1986年毕业于华东师范大学自然辩证法研究所；曾任教华东师大，后来是上海师范大学哲学学院教授。她的研究方向是科学思想史、科学哲学，主要是生物学史研究。我没有能力讲清楚她的学术工作，只能说一点粗浅的外行观感。和很多“哲学教授”不同，她是贴近生活和社会的人，这不仅是说，她从生活和社会中汲取问题进行哲思，而且她是把它当成践履的学问。她将理性和直觉、知识和情感都调动起来从事研究和写作。在有生之年，她除了完成著作和译作：《进化的阶梯》《破译生命的密码》《两性冲突》《时间舞台上的物种》《从泰勒斯到达尔文：科学与宗教漫谈》《道德的动物》《隐匿中的奇才》《起源之战》《适应与自然选择》《树梢上的人生》《安妮的盒子：达尔文、她的女儿和进化论》等之外，还在报刊上写过很多评论。让我随手列举一些她写过的题目：《城市果真需要“城管”？》（2009）、《被行政权力捆住的科学》（2006）、《官员更需补什么课》（2010）、《富人将进化为新种族？》（2009）、《〈开学第一课〉，补上“爱的启蒙”》（2009）、《去“乙肝歧视”是健康社会的自我消毒》（2009）、《自由意志是一种幻觉》（2009）、《真有“中国性格”吗》（2009）、《一个灾区志愿者故事带来的道德思考》（2009）、《科学精神就是一种游戏精神》（2009）、《现实让我们成为“怀疑论者”》（2010）、《科学研究中的谦卑》（2013）、《被16个单位6轮抄袭的论文是如何闯关的？》

《情感如何塑造了人类社会？》（2010）和《风险重重的转基因作物》（2010）等。

在我们来往从密的时期，陈蓉霞在钻研哈耶克，为其写下思想小传：《自由主义经济学家哈耶克》（2005）；她也喜欢以赛亚·伯林，一读再读。凭借其热爱和专注，在很年轻的时候，她就在科学哲学界有影响。在我们的交往中，她从来没有显露出智识上的优越感，反而有居家女子过日子般的平凡。直到经历了生活磨砺后的今天，我才更清楚地看到她的个人特质之可贵。她从未随波逐流，简洁、清醒；身形瘦弱，却内心有力。她的普通话有很重的上海口音，吴侬软语，但在批评现实和申明她反对的东西时也常常提高语速，情不自禁。她是有脾气有态度的人。在邮箱里看到她在2006年9月7日给我的一封信，基于一桩不义，她写道："刚读完了全部的内容，我都要气得手脚冰凉了。……我几乎觉得对付这样的人，根本就不用论理，也没法论理，最好是爽快地骂他个狗血喷头！"好一个陈蓉霞！她一直没有离开过家，除了在国内开会，不记得她是不是出过国。然而，她的见识和思想遍及古今中外的很多角落。她也没有以教授身份功利地争取过什么"资源"，始终过得清清淡淡而有滋有味。

《瓦尔登湖》的作者梭罗曾写道："近来是哲学教授满天

飞，哲学家一个没有。……要做一个哲学家的话，不但要有精美的思想，不但要建立起一个学派来，而且要这样地爱智慧，从而按照智慧的指示，过着一种简单、独立、大度、信任的生活。”在我眼中，陈蓉霞是将她的学术追求和人生、也就是将哲学和人生合而为一的人。特别是患病、治疗和走向死亡的过程，使她得以在生命深处体会、思考，从而进入自由之境，升华起来。这样说，并非我想象出来的，而是在补习她的文章中体会到的。但是，即使没有那些阅读，我也会得出这个结论，因为这符合陈蓉霞的逻辑：随时随地践行自己的哲思和理念。这是她选择的人生，合心意的人生。

陈蓉霞病后，我们也有过一些通信和通话，讨论人们对患癌的反应和态度、“疾病的隐喻”及其他。她给我的印象是笃定，不急不躁，化疗适可而止，尽量避免不良反应，开放地接受合理建议。唯一一次与她有不同意见的事是让女儿去日本留学。我觉得，亲人生病时一定要陪伴在身边尽心尽力，以免遗憾；而她考虑的是女儿的前程。为此，我与她女儿通过一次电话。妈妈的心意已定，女儿也领会了。如今，回过头来想，按心愿做就是最好。她看到了女儿学有所成，长大成人，安心离去，这是大爱。

最后一次见面是在两三年前。化疗之后，新生出短发的她很精神。她自己不用博客和微博，说学生常常告诉她我的情况。她的状态不错，似乎可以与病长期共处。

人生的遗憾有很多种。这些年，我的遗憾总是发生在相识之人或想走近之人的忽然离世。如果说死亡是不可避免的，而没有在她（他）在世时给予足够的关怀、表达，帮助她或他完成一点心愿，则是莫大的遗憾。

此时此刻，我只能以这样的方式——读她的文章来缅怀、来追踪她近年来的思考和言说，藉此走近她。对待这样一位以思考和写作为生的人，我想这样的方式可能是最恰当的。她的书写，在我看来，本质上都是关于疾病、死亡和人生意义的思考，比如她写《随机性主宰的生活世界》（2013）和《忘我投入缘于对学术的热爱》（2013）等。可能不少朋友认为，陈蓉霞生病以后的几年，在学术上的追求太过执着，累着了，然而，只要看了她2013年为早逝的年轻学者张晖等人所写的文字，就会发现，她已经知道人们要这样说，并且提前给出了回答："仅凭张晖等青年学者所取得的业绩，我们似乎更有把握推出这样的看法：他们的忘我投入更多是出自于对学术本身的热爱，这就足够矣。而当一个旁观者贸然推测他人（尤其是一位逝者，他再也不能用言语或行动为自己辩护）的动机时，那不仅是对逝者的冒犯，有失公允，更有失厚道。""再次强调，若有人从上述青年学者的早逝悲剧中悟出自己的人生哲理，那就是以淡泊平和的心态抵制世俗诱惑，不做竞争压力的牺牲品，这同样无可厚非，但底线却是，决不能因此而苛求逝者。逝者已逝，愿他们的在天之灵安息。”

她在“可说的是事实，不可说的是生活”（2008）一文中追问人生的意义何在：“人生最真实的意义，不正在于所有曾亲历过的大悲或是大喜，其实都是过眼烟云，无所谓意义？生活的理由就是生活本身，它无须言说，无可言说。生活中的荒诞乃至残酷的荒谬就在这种无可言说中自动显示出来。原来这世上还有一种高贵，就是对此保持沉默，所谓大悲无声。问天，天何言哉？”平时，她绝少谈自己的生活，即便是家庭变故，即便是患病，都轻描淡写；谈得最多的是感悟和思考，这大概即“不可说的是生活”。她什么都可以承受，在承受中上升。

她一直享受着亲情。在《有一种爱，直抵人心》这篇文章里，讲完费曼和爱人的故事后，她写道：“当有人问费曼，此生他有无遗憾时，沉默了一会，费曼的回答是，‘当然有，我很遗憾可能没有机会看着我女儿米歇尔长大’。当时的费曼已身患癌症，他知道自己也许来日不多，才有这样饱含泪水的遗憾。作为一个20世纪传奇般的天才物理学家，费曼没有说自己的遗憾是与某个科学发现失之交臂之类的大道理，而是尘世间一个平凡父亲最为深切的焦虑、担忧和无奈。唯其不是大道理，才是人生真实的写照。”这，何尝不是陈蓉霞的心意呢？在她的安排下，让自己看到了女儿学业有成，毫无遗憾。

与其说她写的是别人和世事，倒不如说，她在写自己，写自己的心迹和思考，自言自语，自问自答。生活中的她，安静之极；文字中的她，纵情飞扬。

在学思上，她主张自由和权利，探索生命的奥秘和人生意义。在生活中，她是女儿的朋友，深情的母亲；是学生的好老师和人生导师；同时，她还是孝顺的女儿。就在这篇文字完成之时，我与陈蓉霞的学生和女儿通了电话，从她们那里得知陈蓉霞对自己这一生非常满意，觉得自己过得很好，这让我一下子释怀了许多。是啊，有多少人可以像她这样把生命的自主权握在手里，活得明明白白？

写于2014年6月10日凌晨，北京

壹

道德·情感·进化

我们为什么会有道德？人类为何难以挣脱情网？美德何以起源？

千百年来，人们对道德和情感的关系众说纷纭，对“理智和情感”的高下莫衷一是。

但我们从小受到的教育却是“发乎情，止于礼”，要求情感服从于理性和道德，

理性和道德受到更多的推崇。

但是且看休谟的名言：理性是，也应该是情感的奴隶。

而近现代生物学尤其是进化论也进一步表明，情感是生物体的一种适应性状，

来源于人类的社会性关系，是通过自然选择而来，跟人类的大脑和神经系统密不可分，

其功能就是要协助个体的生存和发展。

既然在进化过程中情感为我们人类开辟了一个崭新的道德世界，

那么我们的理智、我们的理性将何以自从？

我们为什么会有道德？

《道德的动物：我们为什么如此》，罗伯特·赖特著，陈蓉霞、曾凡林译，上海科学技术出版社。

期待已久的威尔逊的巨著《社会生物学》终于有了中译本。该书初版于1975年，面世后即引起巨大反响，作者因此而在一次讲座中被人当众浇湿，意即“你该下台了”。其实社会生物学作为一门学科，前人已做不少铺垫性工作，比如奥地利生物学家洛伦兹开创动物行为学研究，并因此获得诺贝尔生理学或医学奖。洛伦兹的贡献在于，强调动物行为也与其解剖构造或生理特性那样，受先天的遗传因素控制。接下来又有美国生物学家威廉斯强调，自然选择的作用对象是基因而非个体甚至群体，这才有道金斯“自私的基因”一说。对此大多数读者耳熟能详，其实威廉斯更为经典的《适应与自然选择》也有中译本。社会生物学的主旨即在于通过自然选择来解释动物（包括人类）行为的演化。就此而言，它是达尔文理论的进一步延伸。社会生物学引起的争议在于，这套解释机制是否适合于人类自身。在我看来，社会生物学着重于探讨人本该是什么，而非人应该是什么。威尔逊的巨著涉猎众多，本文主要讨论其中与道德（即利他行为）有关的内容。

众所周知，威尔逊的看家本领是对蚂蚁的研究。可别小看蚂蚁，蚂蚁社会的凝聚力实在令人叹为观止呢。这是因为蚁类、蜂类等膜翅目昆虫有着特殊的生殖模式，其中专司繁殖功能的雄性是母后孤雌生殖的后代，因而只有一套染色体，这就决定了其后代从父本处只能得到相同的染色体，于是同胞之间的血缘亲近程度就是四分之三，而非通常情况下的二分之一。生物学家因此解释了在蜜蜂、蚂蚁等昆虫社会中为何存在如此之高的利他行为：既然个体相互之间共享更多的基因（高达四分之三），那么帮助其他的个体也就更可能让自己的基因得益。这就是最先由汉密尔顿提出的“亲选择”原理，通俗说来，就是通过帮助自己的亲属，从而间接使自己的基因得利。如此说来，母爱就是典型一例。虎毒不食子，乃因下代身上有自己一半的基因，帮助自己的后代就是在延续自己的基因。这就是基于血缘关系的利他行为，用通常的话来说，就是血浓于水。其实孔子早就表达过类似的意思：爱是有差别的，人们总是更爱自己的子女、父母等直系亲属，再惠及旁系亲属。如此说来，基于血缘的爱其实并不见得可靠，因为随着代代相传，血缘关系就会逐渐疏远，乃至来自同一祖先的后代相互间就会形同陌人。

为什么血缘亲近程度会在后代中逐渐变弱？奥秘就在于有性生殖。因为有性生殖，子代从父亲和母亲处各得到一半遗传基因再加以重新组合，如此代代相传的结果就是，祖先完整的基因型在后代被拆得面目全非。然而，基于自私基因的本性，它应该尽可能多地复制自己的后代，因此无性生殖就是一种最好的复制方式，因为其所有的后代都忠实于母本。但自然界的诡异就在于，绝大多数物种都采用有性生殖的方式，显然有性生殖必定有着强大的好处，以至自私的基因最终不得不折服于这一手段。但正如威尔逊所说，性是一种最大的反社会力量。可以想象，若一个群体全都由基因型完全相同的个体所组成，它们就有着高度一致的利益，此时它们的合作就会最大化，冲突降至为零，比如我们的躯体就是这种情况。组成躯体的细胞全都具有相同的遗传型，因为它们通过无性生殖而得到，于是身体的各个细胞为整体的利益配合默契，一切付出只是为了生殖细胞得以延续，尽管体细胞终究会死去。

然而，通过有性生殖而组成的群体就不会是这种情况。由于个体相互之间的基因型或多或少存在着差异，这就决定了群体中的个体不可能存在利益高度一致的情况，冲突在所难免。就以雌雄两性的关系为例，它们不得不彼此合作以便复制自己的基因，但合作的成功取决于双方的付出，通常说来，雌性的付出更多，于是她更在意合作的成败；至于雄性，由于付出较少，就更容易表现出机会主义倾向，亦即总是在寻找更多的合作机会。这就是雌雄不同的生殖策略，用人类常用的语言来说，就是雌性谨慎、雄性乱交。威尔逊在书中以大量的篇幅论述雌雄间的这一不同策略表现。但问题的严肃性在于，这样的讨论是否同样适合于人类社会？若是如此，男性是否就此为自己不检点的生活方式找到了某种理由或是借口？要回答这样的问题，最好是仔细读完威尔逊的全书，威尔逊在书中专门辟有一章，讨论人类问题。

现在让我们转向这一问题：基于血缘关系的利他行为是否足以解释群体之中所有的利他行为？情况显然没有这么简单，毕竟膜翅目昆虫等是一种特例。对于大多数群体来说，个体之间并不具有如此之高的遗传相似度。那么，群体的凝聚力如何得到保证呢？对此，生物学家提出了互惠利他解释。尤其在某种相对稳定的群体之中，个体的寿命及其智力均达到相当程度，于是个体之间就会出现互惠利他行为。经常被提及的例子如吸血蝙蝠，当它们成群结队去吸大型哺乳动物体内的血时，总会有个体空腹而归，此时吸足血的个体就会将胃内的血液反刍给空腹的个体；当然这种行为是有回报的，也许下次它们的角色就会轮换。

这种互惠利他行为在人类中可说是空前发达。它最初的契机也许源于人类从单纯的采集走向更多的狩猎活动。狩猎得到的动物需要分享，更不用说狩猎过程还需分工和合作。正是在这一过程中，人类学会了交换。可别小看其中的意义，我们今日发达的经济体系，其基本要素不就存在于分工和交换当中？与兹可作对照的是，在人类的近亲黑猩猩的食谱中，肉食仅占少数。有学者认为，人类高度发达的智力正是源于处理复杂的人际关系。分享和交换都需要记住、识别与之打交道的个体的各种表现，随后决定是采取投桃报李还是以牙还牙策略。所以各种文化中的人们，都普遍存在报恩以及报仇的强烈情感。自然选择正是通过赋予动物（及其人类）以情感的形式，来做出行动的决定。就此而言，情感要比理性的算计更为古老。

如果把这种互惠利他行为看作是道德起源的第一步，那么，道德先于人性，就是一种能够成立的说法。在社会生物学家看来，早期人类身处一个小规模群体之中，以采集－狩猎方式为主，在亲选择与互惠利他主义的共同作用之下，历经数百万年的演化，逐渐形成今日之人性。因此人性的形成远远早于肤色的分化。

鉴于人性是如此之古老，而人性在很大程度上又受遗传因素所决定，因而威尔逊格外强调人类在遗传学上的一致性。“虽然印度种群社会已然存在2000多年了，远远超过了进化趋异时间，但是他们只在血型和其他可测量的解剖学或者生理学性状方面存在着微小的差异。”这就意味着，人类多姿多彩的文化现象其实与其先天的遗传组成没有关系。可见社会生物学强调存在着普遍人性，进而也就存在着普世价值。就此而言，社会生物学恰好处于任何种族主义的对立面。

美德何以起源？

《美德的起源：人类本能与协作的进化》，麦特·里德雷著，刘珩译，中央编译出版社。

当下社会，如效率、理性投资这样的经济学术语频频可见，而像美德这样的词语就颇遭冷落，即便人们有那么一种伦理向往，也是公正、权利而非美德这样过于理想化的东西。不过有一本书却让我眼睛为之一亮，因为它就叫《美德的起源：人类本能与协作的进化》。副标题提示我们，这是一本社会生物学方面的著作。近年来，社会生物学的书在我国译介不少，自从道金斯提出“自私的基因”一说后，基因的自私性就成为社会生物学家用以洞察人性的一把钥匙。此话怎解？简略地说，基因的本性就是尽可能多地复制自己的后代，所有的生命体都受基因操纵，你我也不例外，故人类所有行为的背后都有一个驱动力，那就是不择手段地繁衍自己的后代。人性原来如此自私、无情，怎不叫人绝望？然而，一个疑惑随之而来，人类至少在道德上是鄙视自私、崇尚利他的，更何况人类中不乏这种高尚人士因其卓越美德而为后人称颂。这样的现象又该如何解释？于是，社会生物学家就用血缘关系来解释这种利他行为。无论是父爱母爱还是手足之情，都属天经地义，因为他们体内共享一半相同基因，所谓你中有我。依此类推，血缘关系越近的人们，因共享基因越多而结成纽带。可见基于血缘的爱其根基还是出自基因的自私性。在原始部落，人数不多，彼此之间大多有血缘关系，利他在某种程度上也就是利己。这就是原始的道德。

基于血缘的互助在生物界中不乏例子，经常被引用的就是社会性昆虫，如蜜蜂社会。在那儿，蜂王垄断生育权，以至它的后代们彼此间的血缘关系超过通常的二分之一。不育的工蜂忠心耿耿地为集体卖命，就因为该集体的所有成员共享绝大部分相同的基因，它们接近一个个体！蜜蜂社会的道德令人类自愧不如，但其代价却是大多数成员生育权的丧失。人类同样是一个高度社会性的物种，但人类社会的联系纽带显然不完全基于血缘，道理明摆着，我们谁也不愿拱手让出我们的生育权。在这种情况下，基于血缘的利他行为就难以普遍化。自从博弈论被引入这一领域之后，道德的起源又有了新的视角。本书对此的介绍值得一读。两个自私的血缘关系较远的个体偶然相遇，它们绝对不会作出高尚的利他之举，若是如此，相互合作的社会如何建立？换言之，自私的个体怎么才会服从集体的利益？博弈论的回答就是：奥秘在于双方的多次较量。理由不难理解。所谓路遥知马力、日久见人心，就是对长期建立的合作关系的最好注解。而萍聚只能催生这样的关系：所谓不求天长地久，只愿曾经拥有。有趣的是，有人设计了一种叫做“以牙还牙”的计算机程序。它的策略是：当遇到对手时，先摆出友好的合作态度，若对方以诚相待，则继续合作，一个良好的互动关系就此建立；若对方不识好歹，则实行报复，哪怕双方皆输。结果发现，这种以牙还牙的程序颇有生存优势。这一程序的特点倒是提醒我们，在一正常运作的社会中，信任应是常态。从长期较量中建立的合作关系，意味着个体必须记住对方的特性、策略等，随之作出相应的反应。甚至有这样的猜测，人类智力的起源就与此有关。当然推测智力的起源是一个过于庞大的问题，但至少可以承认，人类的智力足够应付这种复杂的人际关系。这就是人类社会与蜜蜂社会的不同。

计算机程序所遵循的全是理智的策略，无论是投桃报李，还是以牙以牙，其间只有精明的算计，但人类还有感情，感情处在何种位置？用本书作者的话来说，情感是诚信得以建立的最好监督。你我初次相遇，凭什么要建立信任关系？这时，双方的言谈举止是否投缘就成为重要的判断标准，可见情感已在悄悄起作用了。此外，情感还是对长期利益的一种投资。一个敢于为朋友两肋插刀的人，他也许是凭一时的冲动而行事，但谁说这不能为他带来长远的好处？一个过于精明的人，被视为冷酷无情，往往难以结交知己，就因为他太注重当下利益。在此意义上，爱确实离不开性，但爱比性更长久，因为性是一时的快感，而爱则从长计议，向往的是“你能陪我慢慢变老”。同样，情感也有利于将复仇推向未来，所谓“君子报仇，十年不晚”。

本书的另一观点也值得一提。人们之所以需要合作，是因为人类社会的分工所致。正是亚当·斯密最先揭示，分工是导致近代以来社会财富快速增长的秘诀之一，因为分工带来效率的提高。分工带来贸易的需要，贸易催生博弈论意义上的合作及由此带来的诚信，这就是美德的起源。它不再局限于单纯的血缘关系，相反，裙带关系为现代文明所不齿。同时，这种美德并不排斥人性中自私的一面，甚至可以这样说，建立在自私基础上的利他关系才更为可靠，因为你我必须相互利用，结果是双赢。

行文至此，仍生纳闷，这种美德，起源于彼此的算计，即便有情感，也是一种长远的算计，这还算是美德吗？难怪有人因此而遁入空门，因为不堪忍受这种无情的逻辑，却又无力摆脱它的控制。这样的无奈，人类该如何面对？当然，对社会生物学家来说，这本不是问题。因为有意义的是行为的效果而非动机。有时，通往地狱的路不正是由构建天堂这一美好的动机所铺就？但对于一般读者而言，即便认同美德的这一起源途径，又怎能因此而割舍心中珍藏的朋友之情、舔犊之情、恋人之情？就如我们早已知道花开花落仅是四季的自然更替，但又怎能拒绝春的诱惑？——那就，踏青去，再带上《美德的起源》。

人类为何难以挣脱情网？

《情感之源：关于人类情绪的科学》，维克托·S·约翰斯顿著，翁恩琪等译，上海科学技术出版社。

月有阴晴圆缺，人有悲欢离合。生活中的恩恩怨怨终究难以拂去，人类为何总是难以挣脱情网呢？乍一看，这似乎不属于科学讨论的话题，但眼下就有一本书《情感之源》，它的副标题是“关于人类情绪的科学”，这不由得勾起了我的阅读欲望。

说是讨论情感之源，但本书却是从情感以外的话题开始说起。宇宙中充满了各种频率的电磁波，但我们的感官所能接收的仅是其中狭小的一段，这就是所谓的可见光谱；脚下的大地无时无刻不处在运动之中，但我们对这样的匀速运动却是浑然不知。这就是说，生命体的感官系统是有选择性地接收其中小部分的信息，而将绝大部分的信息过滤掉了。以视觉为例，对于大多数动物而言，视觉仅局限于觉察和分辨小范围频率的电磁波，这个范围就位于植物叶面反射光谱的附近。这一点太容易理解了，因为大多数动物的生存依赖于绿色植物，故绿色就位于我们感知的可见光谱的中间频段。可见生命体仅在意与它的生存密切相关的信息，反之就等同于无。此外，绿色和红色，在我们的主观体验中，似乎是反差鲜明的两种色彩，但实际上，这两种波波长的差别仅仅为150纳米，非常接近。这是一个耐人寻味的事实，它提醒我们，我们的感官及由此所产生的意识不是如实而是“歪曲”地再现客观现实。被我们的意识体验所渲染夸大的那些特性，往往与我们生死攸关。这些全都是基因的策略，它想方设法使它的载体能够生存下去并借此使自身得以繁衍。

事实就是这样，这本是一个沉寂黑暗、无色无味、无情无义的宇宙，其中绝没有五彩缤纷的美景让人目不暇接，也没有酸甜苦辣的滋味可供品尝，更没有悲欢离合的情感使人生负载太多的意义。正如色彩的产生一样，食物中的糖于生命体是一种必不可少的能源，意识所体验的甜其实就是一种愉悦感，它引诱个体尽可能地去尝试这种愉悦感；坏鸡蛋臭不可闻，并不是因为硫化氢本身有臭味，只是因为这种物质对生命体有害，臭味引起的厌恶警告我们要尽可能远离它。更进一步说，情感也正是这样一种于个体的生存密切相关的体验，它提示我们应该如何更好地面对这个瞬息万变的世界。以恐惧感为例，婴儿天生有一种对坠落的恐惧感，这是因为所有的大型动物都要面临重力带来的坠落风险之中。丧失恐惧感的个体将因无知而无畏，后果不堪设想。情感有时也会强化或是夸大某种感受，“怒发冲冠为红颜”，这本是一种强烈的生殖欲望的表现，但遭遇这种强烈的激情有时反使个体陷于危险之中。

一般而言，情感可分为正相快乐情感和负相快乐情感。我们最为强烈的正相情感与性高潮紧密相连，这绝不是偶然的，因为此时此刻成功延续基因的可能性最大；而我们最为强烈的负相情感也许就是老年丧子了，所谓白发人送黑发人，因为这意味着我们的基因延续已经半途夭折。不过有一种情感本身不具有任何基调，但它却可强化或唤醒其他的情感，有点类似于催化剂，这就是“惊讶”。惊讶由从未遇见过的意外而引起，一次突如其来的造访令人惊喜，而一场猝不及防的变故也更让人伤悲。更重要的是，惊讶有利于唤起个体的求知欲望，这就是在儿童身上体现出的那种可贵的“好奇心”。儿童学习母语如此神速，原因之一也正在于它所遇见的每一个单词与对象的联系都是新的。重复会导致麻木，从而抑制这种惊讶之情，这就是可怕的“习惯化”，它使成年人逐渐丧失求知欲望。让人感到不解的是，如果求知对任何年龄段的个体都有利，那么自然界为何还要演化出“习惯”这一“惊讶”的对立特性呢？这一问题恐怕可留待读者去自由想象了。

情感尽管由外界事件所诱发，但它本质上是一种主观体验。神经生理学的研究业已表明，一种化学物质——多巴胺——的释放，是产生快感的基础。现已证实，所有的成瘾药物，可卡因、酒精或海洛因，都是通过这一机制产生快感。当我们为爱而痴狂，为美而陶醉，甚至为理想而奋不顾身时，科学却告诉我们，这仅仅只是大脑中某种化学物质在作祟。也许弄明白这一点后，我们只能为之发出一声叹息。

情感是一种与生俱来的本能，它比理智更为古老，但往往不一定可靠。这是因为情感是原始人在漫长的前文明时期适用于当时的一种策略，而今天的人类显然已远离了那种情景。君子报仇，十年不晚，这是一种较为理智的策略，但在远古时代，人们朝不保夕，当遇见危及自己声誉的挑战时，是即刻拍案而起、大剁快刀，还是忍辱负重、伺机行事？显然前者更为可取些。在今天，这类事件就被我们看作是理智与情感的冲突。情感印证了我们远古时代的生存方式，而理智则是文明时代的产物，情感更多地出自于本能，所以它是对逻辑的一种反叛。情感与理智，孰轻孰重，这或许已成为困惑文明社会的一道难题。

有一则报上的广告令人读后无法忘怀：不爱不错，一爱就错，可是没有爱——我们怎么办？是啊，没有情感，不仅人类的生活不堪设想，而且人类的生存也难以保证。因为本书通篇要告诉我们的一个命题就是，自然本无情义，只是基因的生存策略才导演了这一出悲喜剧。我们注定无法看破红尘。

自欺欺人果真是一种生存策略？

《我们为什么说谎》，戴维·利文斯通·史密斯著，李怡萍译，华东师范大学出版社。

我们从小被教育要诚实，撒谎是恶行，这几乎是共识。但与此同时，我们更多向孩子灌输如何以社会认可的方式来撒谎：比如用礼貌委婉的方式来假装尊敬长辈、掩饰自己的真实动机等，以便个体能够合群。自闭症患者的问题恰恰在于，他们不懂如何识别他人心智，因而也不会撒谎，也就不会与他人进行有效沟通（见《我们为什么不说话》，华东师范大学出版社）。进化心理学的研究表明，人生来就会撒谎。《我们为什么说谎》揭示的就是这一事实。

首先，生物界盛行欺骗。比如，杜鹃在别人的窝里下蛋；再比如，兰花以其酷似黄蜂的外形来吸引昆虫，就是一种欺骗策略，最终它达到了自己想要的目的。且慢，读者也许会这样来质疑：生物界的这一欺骗现象不同于人类的有意欺骗。无论杜鹃还是兰花，这种拟态现象（用生物学的专业术语来说）仅是自然选择的产物，亦即具有这一性状的个体因具有更多生存及繁殖机会而得到自然选择的青睐。但通常所说的欺骗行为却出自于个体的有意操纵（与动机、意图有关），因而只有智力高度发达的人类（也包括灵长类）才谈得上欺骗。欺骗的定义正是由此而来。

应该说，有意欺骗是一种理性的算计能力，它与大脑皮层的高度发达有关，与之对照，情感则是一种更为古老的功能，它更多与大脑的边缘系统、杏仁核等部位有关。童言无忌，与其说是一种赞美之词，还不如说是对大脑额叶皮层尚未发育完善的一种描述。很多时候貌似高级的理性往往难以掩盖原始情感的表达，皮笑肉不笑或强颜欢笑描写的就是此种情形。因此有意欺骗更有可能被对方识破，因为表情会不由自主地泄露天机。顺便提及，“表哥”杨达才，因其在一场严重的高速公路交通事故现场面带微笑而引起网友公愤，搜索表明果真这是一个贪官局长。他事后的辩护却是，那只是一个不恰当的细节。但从进化心理学的角度来看，这却是一个关键性的细节，盖出于内心深处情感的自然流露。若要杜绝这类情感的背叛，自欺能力就至关重要。自欺让我们真诚地说谎，先骗过自己，才更容易欺骗别人。大脑恰恰具有此种能力。本书对此有深刻的讨论。

正如本书作者所言，若把大脑比做计算机，那么键盘就是感官系统，负责输入信息；屏幕显示的内容就是输出，表现为机体的行为或意识；而中央处理器的运作方式则不为我们所知。这一类比的关键在于，意识本身如同行为，也是一种输出形式而非思维本身。但习惯上，我们却把意识等同于思维过程，或者说就是中央处理器的运作过程。笛卡尔的哲学正是建基于此，“我思故我在”的背后体现一个重要主题：我的思考对我自身来说，完全是透明可及的；他人的思考才是不可及的。对于笛卡尔哲学的最早颠覆也许源于弗洛伊德。弗洛伊德对于现代心理学的最大贡献不只体现于他的潜意识理论，他还有一个重要论点，亦即如上所述，意识不再是思考的本质，意识本身就是大脑的输出形式。同时，相对于整个潜意识来说，我们意识到的内容只是冰山一角。大脑处理信息的效率异常之高，而进入意识层面的内容却极其有限。我们对于口语的解读、发球或抓痒之类的动作，几乎都是在瞬间完成而不被我们所意识。情绪反应也是如此，在我们感觉到自己的情绪之前，情绪反应已经产生，“情不自禁”就是对此的生动描述。因此我们很难掩饰自己的情绪。也许因此而可推论，我们在潜意识层面解读别人心智的能力，必定比在意识中还要强。这正是本书作者的看法。此推论是否合理合据，暂且不论，不过由此却令笔者想到一个例子，那就是梦境。仔细想来，梦境中的逻辑不堪荒谬，但情感却永远是真实的。正因如此，梦境值得分析，其价值也许不一定是在精神分析学这样的层面，而是通过解读其中反映出来的情感，来判断我们对某人某事的好恶。这种好恶因为表现在梦境中，或者说表现在潜意识中，而比我们清醒时的意识更具可靠性。

有鉴于此，有学者认为必须区分两个重要的概念：心智（mind）和大脑。心智是我们意识到的内容，而大脑则是幕后的运作过程，它不为我们所知。其实我们所意识到的只是我们的意图，而非行为过程本身。但大脑却给我们一种错觉，似乎是我们的意图操纵了我们的行为（见《心智的构建：脑如何创造我们的精神世界》，克里斯·费尔斯著，杨南昌等译，华东师范大学出版社）。本书所提供的实验材料也表明，在我们有意识地做出决定的1/3秒前，我们的大脑就开始准备执行动作了。这一区分意味深长。自欺之所以可能，就在于大脑自行完成了欺骗过程，但它显示给意识的却是，这不是一个欺骗行为。可见大脑是在有意撒谎，其效果就是，它让主体不动声色地完成欺骗行为，从而更容易瞒过对方的反欺骗装置。自欺能力因此而胜出。

精神病学家曾经认为，抑郁症患者的问题在于，他们欺骗自己，拒绝真实。但近来的研究却表明，情况恰恰相反。比如，正常人性都带有浮夸倾向：当成功时，我们会夸大自己的功劳；当失利时，则把责任推卸给其他人。但实验揭示，对于抑郁症患者来说，不论结果是胜还是败，他们对自我的评价都更符合实际情况，或者说，对于自己在他人眼中的评价，抑郁症患者的判断通常比正常人更准确。结论就是，抑郁症患者的症状之一就是缺乏自欺。还有研究表明，高度自欺与传统上所谓的心理健康密切相关，心理障碍的发生恰在于自欺程度低于正常值。原来不仅欺骗，甚至自欺欺人都是所谓正常人性的组成部分，而这种能力显然具有生存优势。人类因其预测能力而料到死亡的不可避免，此时绝望恐怕就是正常的念头。但用普罗米修斯的话来说："我不仅让人类预料到死亡，我还把盲目的希望放在他们的心上"。这里的盲目希望不就是一种自欺？但正是凭借着盲目的希望而非清醒的绝望，人类屡败屡战，繁衍至今。研究表明，人类大多都是天生的乐观主义者。

当然自欺亦有限度。永远的欺骗或自欺，就会让真诚失去意义，欺骗也就随之失效；即便是在有限的范围之内明智地使用自欺策略，也必须付出代价。因为自欺虽然帮助我们用不正当的手段得到利益，但同时也阻碍我们的心智在有意识的状态下获得有用的信息。这就是说，进化赋予我们的能力总是具有两重性。这正应了经济学家的警告：天下没有免费的午餐。

正因为自欺必定有其限度而不可能做到滴水不漏，根据进化理论，人类同时应该演化出反欺骗这一侦察能力。但精心设计的实验表明，绝大多数人对于谎言却是难以识破，只有极少数人，大约是千分之一，才具有无比寻常的测试能力。这是因为他们会将注意力全部放在对方的脸部表情上，从而捕捉到蛛丝马迹来识破对方的谎言。为何这一能力仅为人群中的极少数个体拥有？为此，本书作者给出一个假说，正是语言的出现为欺骗与反欺骗的博弈战重新布局。语言是一把双刃剑，它在传递信息的同时，却也能够轻而易举地歪曲信息，那就是谎言。因此它在带来相互理解的同时，也起到相互蒙蔽的作用。有时谎言重复一千遍，不幸居然可以成为真理。这样的事例历史上不胜枚举。难怪我们的祖先对于语言有着高度的戒备心理，能说会道、夸夸其谈、口若悬河、花言巧语、巧舌如簧等都用于形容语言的高度不可靠性。君子敏于行而讷于言，诚哉斯言。但也正因为如此，语言因其强大的优势而备受自然选择的青睐，与语言有关的大脑皮层获得快速进化，有所得必有所失，结果导致大脑中更为古老的读心功能日渐衰弱。或许在此可以辅以佐证的是，婴儿和动物因为没有语言能力，它们对于人类表情的识破能力有时反而表现更好。比如有观点认为，母亲潜意识之中的焦虑会影响婴儿的情绪，导致婴儿烦躁不安且啼哭不止。因此我们必须有意训练自己才能学会，如何观其行而非闻其言来判断一个人的可靠性。

想象一个社会，其中的每一个体，都能够在意识层面敏锐地洞察别人的意图，我们的每一个心思，都将被旁人所捕获，张爱玲曾经设想过这一世界，她的结论就是，人生不值得过了。确实如此，这将是一个高度不稳定并且必定会导致崩溃的社会。于是，进化必定会筛选出这样的人，他们能够成功地隐藏自己的动机，但与此同时，反侦察的能力也会随之而增强，识破他人心智恰是人类拥有的非凡能力。顺便提及，这一识破能力也正是同情心、换位思考乃至道德感出现的前提。这场军备竞赛的结果就是自欺能力的胜出。自欺作为一种更有效的欺骗策略，其实也意味着，如果我们自身的动机对自身都是一个谜，那又遑论识破别人的动机呢？天机永远不可泄露，只因它们决不出现在意识层面。这就是大脑的妙计。人类因此而得救——我们得以生活在一个尽管磕磕绊绊、但却能够同舟共济的社会之中。

人何以区别于动物？

《我们为什么不说话：以自闭者的奥秘解码动物行为之谜》，天宝·葛兰汀、凯瑟琳·约翰逊著，马百亮译，华东师范大学出版社。

自闭症对于大多数读者来说不是一个陌生的名词。通常说来，患有自闭症的个体会存在交流障碍，但有时却表现出某方面的惊人特长，比如心算能力强等。对于正常人来说，自闭症显然是一种精神障碍，不少父母甚至为此痛不欲生。不过手头却有这样一本书《我们为什么不说诂》，作者之一正是一位自闭症患者，她就从自己的亲自经历谈起，得出一个重要结论：

在某种程度上，动物和自闭症患者有更多的相似之处，因而本书的副标题就是“以自闭者的奥秘解码动物行为之谜”。但读完全书，我更深切的体会是，透过动物行为，我们反而能够更深入地理解兽性和人性之异同。

这就需要说到我们的大脑组成。人的大脑不是一个统一的整体，而是有三个独立的部分，各自为政。大脑中最为古老的部分，位于头颅的最低层，掌管基本的生理需求，为爬行动物大脑；接下来是大脑旧皮质，负责处理情感，为哺乳动物大脑；最后就是大脑新皮质，哺乳动物也有，但仅在灵长类、尤其在人类中最为发达。这三个部分由神经纤维连接，但每部分都有一定的自主性。可见这是一个“三位一体”的大脑，人类大脑与动物大脑独立并存，因此说人性之中存在兽性，这一点都没错。

人类大脑的特点就在于我们拥有发达的新皮质，它可以把大脑各个部分更有效地连接起来，正因如此，人类才有种种复杂的情感和行为，而动物的情感则单纯得多（比如，狗能对主人始终保持忠诚，无论主人对其如何），恐怕这也是人类喜爱动物的原因之一。人类大脑的这一整合能力，主要位于新皮质的额叶区。若是额叶区出现问题，信息的整合就会发生障碍，这正是自闭症的起因。因为动物的额叶本身就不发达，在某种意义上，儿童的额叶也尚未发育完善，因而儿童或自闭症患者就更相似于动物。所谓赤子之心，形容的也正是儿童期特有的纯真。由于作者之一是自闭症患者，因而她对此的体会格外具体生动，有时她甚至能想动物所想，因而被不少饲养场聘为顾问。

由于额叶的发达，人类拥有概括能力，亦即从个别事物推断出整体概念。而动物只能认识个别对象，无法举一反三。人有发达的联想能力，显然这是人类拥有智力的基础。人类是编故事的高手，任何细节，无论它们多么杂乱无章，我们总能将其理顺，使之成为一个自洽连贯的故事。但人类因此也付出了代价，这就是说，由于额叶对于各路信息的整合，致使我们的认识带有更多的整体性，我们常常会对某些细节视而不见、充耳不闻，亦即我们看到听到的其实只是我们关心的内容。我们常常只见森林不见树木。但对于动物来说，情况恰恰相反，动物是只见树木不见森林。这意味着，动物具有发达的关注细节的能力，也许在动物的视域内，这是一个支离破碎的世界，任何一个细节变化都能引起动物的警觉。儿童时期的多动症恰好也具有这一特点，但在成人看来，这就是不专心的表现。殊不知，当额叶的整合功能尚未完善时，专心谈何容易。于是，动物的某些超常功能也就有了解释。养过宠物的人们想必对此有着深切体会。动物尽管不会语言，但它们察言观色的能力却很惊人。当然，由于与人类的朝夕相处，狗在这方面的能力更是突出。但在本书作者看来，动物不如人类聪明，原因正在于它们的认识完全被大量具体的细节所束缚，概括能力严重匮乏。与动物相比，人类拥有概括类推能力，但关注细节的能力却是严重退化，难怪如今流行这一口号：细节决定成败，只因关注细节是我们的弱项。有时我们甚至还会犯过度概括的毛病，比如以“竞争好斗”来概括西方人，以“和谐合作”来概括东方人，从而抹杀了具体人性的丰富多样。

动物的另一特点值得一提，那就是群居动物普遍存在的等级秩序。它的好处在于，最大限度减少动物个体间的打斗，维持稳定秩序。若是一群动物中的个体彼此势均力敌，它们就会一直决斗下去。可见在动物中，谁说了算，是靠蛮力拼搏而赢得的。至于其他个体，它们若是在群体之中长大，成年后就会知道，只要在等级秩序中确立了自己的地位，就没有必要再挑衅闹事。所谓害群之马指的就是由于某种原因而不懂得安分守己的个体。如此说来，我们的行为方式与动物何其相似。在历史上很长一段时期，我们也是依赖蛮力征服天下。不同于动物的是，当人类这样做时，常常还要为自己的行为套上正义的光环，比如说替天行道。

这就意味着，动物世界没有民主。这恰恰表明，民主是真正意义上的人性而非兽性。民主制首先肯定，人类群体中的成员彼此之间是平等的关系，需要强调指出的是，这种平等并非指财富、才智的平等，而是指权利、人格的平等。前者不可能平等，因而才有动物群体的等级制；而争取后者的平等恰恰是人类社会才有的专利。在个体权利平等的基础上，才有可能讨论政府权力的合法性及其监督问题。

动物世界也不存在同情弱者之说。作者举了这一例子，一位女士养了多条狗，它们之间已形成了等级秩序，但女主人却对处于底层的弱者滥施同情，对它们宠爱有加。这就违背了动物世界的自然规则。于是，每当女主人不在，领头的狗反而猛烈攻击弱者，事情终以悲剧收场——所有处于弱势地位的狗最后都身受重伤，不得不实行安乐死。作者因此而告诫养宠物者，首先要让家中的狗明白，家庭所有成员的位置都在它们之上，以免它们狗眼看人低；其次还要尊重动物之间自然形成的等级秩序。这就是说，人与动物之间的地位不可能是平等的，你与它们讲平等，它们反要做你的“主人”，因为等级是动物世界的通行法则。人性与兽性毕竟存在不可通约性。

书中还讨论了下述问题：是人驯化了动物，还是动物驯化了人？作者讲述的最新研究成果表明，人类在10万年前曾经与尚未演化为狗的狼共同生存，正是狼的不少习性影响了人类的成长，比如，狼猎食时集体行动，狼有复杂的社会结构，狼群中同性别非家庭成员之间有忠诚的友谊，狼的领地意识非常强，这些习性在早期人类中恐怕没有。只要看看我们的近亲灵长类动物，就能明白它们缺少这些习性，比如大猩猩主要的社会关系就是双亲和后代的关系。所有的文化演进都要建立在互相合作的基础上，人类从狼那里学会的正是怎样与无血缘关系的个体进行合作。原来，我们能从灵长类动物中脱颖而出，还有赖于我们的祖先曾经有过一段“与狼共舞”的时期。

人与动物

《盛装猿：人类的自然史》，汉娜·霍姆斯著，朱方译，上海科技教育出版社。

人通常自诩为万物之灵，从而忽略了自己的动物性。在某种意义上，人文学者更不愿意强调这种动物性，因为生怕把高贵的人性还原或贬低为兽性。但事实上，人类不仅有文明史，更有自然史。与后者的漫长相比，前者只是“弹指一挥间”。近读《盛装猿》，其副标题就是“人类的自然史”，着重挖掘人类的兽性，读后令人玩味再三。

民以食为天。人类到底该吃啥，这本来不是问题，但近来却众说纷纭。比如，保健养生专家竭力推荐吃素食，甚至生食，据说不仅杜绝百病，更兼有环保意义。不过就人类的解剖结构所能提供的证据来看，人类是杂食动物，以素为主，适当搭配荤食。而且人类吃熟食，这一点至关重要。正如本书所说，猩猩每天需要花5个小时咀嚼食物；大象每天有16个小时用来进食；尘螨每时每刻都在吃皮屑。一般来说，草食动物把大量时间用于进食，人类尽管也吃大量植物，但人类却无须时刻进食，从而省下大量时间用于文明的创造，这恰是因为人类吃熟食的缘故。煮熟后的植物，不仅营养利用率更高，而且还去除了某些毒性。众所周知，不少豆类植物生吃有毒。吃易于嚼烂和消化的食物，也减轻了我们牙齿和肠道的负担。于是，人类的上下颌变得小巧，从而为大脑的生长提供更多的空间；人类的腹部也变小了，或许减轻了人类直立行走的负担。如此说来，若是盲目听从某些养生专家的建议，大量生吃蔬菜，走返祖道路，那返回的祖先并不是人类的直系亲属，而是旁系亲属，亦即类人猿。

说到吃，就得说到味道，味道由舌头品尝。我们能够品尝到的味道有酸甜苦咸，还有鲜味。辣是对舌头的刺激，不是一种单独的味道，难怪英语用“hot”来形容辣。人类之所以能够品尝到这些味道，全拜自然选择所赐。苦味只存在于植物中，其实是植物的一种自我保护策略，即通过合成苦味的毒素（生物碱）来抵抗草食动物的啃咬。所有动物（包括人类儿童）都天生拒绝苦味，不过只有人类后天学会食用甚至享受苦味植物，如咖啡、苦瓜等。更妙的是，人类还利用植物合成的生物碱来治病，草药在各个文明中普遍存在，源于神农尝百草而代代相传的中药更是无与伦比。

甜味是食物中能量的象征，因此许多动物都生来喜甜。但本书却提到，狮子、老虎和猫等食肉动物不能辨别甜味。这是因为甜味主要存在于植物当中，而它们不吃植物，因而无须辨别甜味。至于咸味，我们都需要盐来调节体液；酸味则可提醒舌头注意，不要让身体器官受到腐蚀；而鲜味则表示存在宝贵的蛋白质。

可见自然界本无色无味无声，也许佛家所谓“色即是空”说得没错。正是机体的感官与大脑合作，联手打造了一个色香味俱全的“幻象”，只要这套幻象对动物生存有利，自然选择就会令它更趋精致。这本是人类的福分，但利用不当，福也能生祸。比如，甜、咸及油在自然界本来都是稀缺性的存在，因而大多数人的天性都喜爱这些味道。但如今不仅食物绰绰有余，而且商家还利用人类古老的本性，大量炮制仅满足口腹之欲的垃圾食品，导致肥胖症等疾病成为文明社会挥之不去的阴影。

在我们的五官中，视觉和听觉向来倍受关注。但本书的特色在于，还以相当篇幅介绍其他几种感觉。比如嗅觉，相比于动物，人类的嗅觉大大退化，这应该与人类直立行走有关，我们不可能再像狗那样贴近地面去搜寻种种气味。但若论资排辈，嗅觉堪称“元老”，在大脑发出的10条神经中，嗅神经位居第一。尤其在择偶这样的活动中，嗅觉往往起到了相当的作用。回想一下辛晓琪在《味道》中所唱的歌词：“想念你的外套和手指淡淡的烟草味道”，原来唤起美好爱情的正是弥漫在日常生活中恋人所散发的那种熟悉而又亲切的味道（或气味）。不过作者特别提到，花香为什么如此吸引人，却是令人百思不得其解的事情。毕竟这种沁人心扉的味道起初源于吸引昆虫前来传粉，但对于人类似乎没有直接好处。笔者推测，或许其机理与人类从赏花中所获得的美感同出一辙，因为开花结果是一个经验事实，而果实却能充饥，因而花朵成为人类的宠爱。

有些感觉与五官无关，以至于常常被我们所忽略，比如触觉。已经有越来越多的实验证据表明，与抚摸有关的触觉对于动物的正常发育极其关键。若动物在幼年期得不到足够的触摸，就容易出现情绪障碍，表现为紧张不安、焦虑抑郁。人类作为一种情感高度发达的动物，更是如此。还有一种感觉，看似抽象但恰如天罗地网，那就是时间感。或许在生活中我们早已习惯通过天体、时钟等外在标志来测算时间，但事实上，我们还有一个内部时钟，位于大脑深处的基底核和右顶叶皮层。而人类与动物的不同之处在于，我们还有长期的时间观，即对于未来的意识。但由此付出的代价却是我们有时会过分考虑未来。即使“没有远虑，必有近忧”，《圣经》也还会如此劝告人们：不要为明天忧虑，因为明天自有明天的忧虑；一天的难处一天当就够了。

智人本质上是一种热带动物，人类的起源地即在非洲热带森林当中，但人类的足迹几乎遍布全球。正如作者所强调的，我们的近亲黑猩猩在很多方面与人类相似，但它们却从未离开过温暖的森林。随着森林的日趋消失，黑猩猩的命运也岌岌可危。然而人类却从来不会“坐以待毙”。当缺乏皮毛御寒的人类来到靠近极地的寒带，或者上到海拔5000米、氧气含量严重不足的世界屋脊时，又是如何生存下来的呢？过去我们似乎更多看到的是，人如何依靠智力来改变自然环境，但本书却列举大量事实表明，正是自然选择导致人的生理特点发生相应的改变，从而适应各种非同寻常的自然环境。比如，达尔文曾发现，靠近南极洲的火地岛人，几乎赤身裸体，却未被冻死，这就是达尔文心目中的野蛮人。但事实上，这正好印证了所谓“一方水土养一方人”的俚语。原来这些土著人体内的新陈代谢能力极其旺盛，或许套用中医的术语来说，就是阳气格外旺盛吧。

最后再来说“性”。不同于其他哺乳动物，人类没有发情期，这就意味着，人类随时可以做爱，因此，性交与生育不存在必然的联系。若是如此，频繁地性交意义何在？意义就在于，性交有助于强化配对结合的关系，而两性之间稳固牢靠的关系更有助于后代的抚育和培养。很多哺乳动物的雌性和雄性仅在繁殖期才相互牵手，之后便各奔东西。然而人类男女却向往：我能够想象的最浪漫的事情，就是你能够陪我慢慢变老。但要实际做到这一点，在很大程度上却依赖于催产素的分泌，而人类的性交过程就会分泌这种催产素。这就是说，催产素有益于平淡生活中亲密关系的维持。

作者在书中向我们娓娓道来许多有关人类自然史的知识。自从达尔文以来，我们再也无须讳言人性源于兽性这样的命题。既然如此，细细剖析人性深处的兽性，恐怕是全面了解人性的必备功课吧。

作为一面镜子的黑猩猩

《黑猩猩的政治》，弗朗斯·德瓦尔著，赵芊里译，上海译文出版社。

美国电视连续剧《成长的烦恼》中的迈克是一个调皮的男孩，不时会用撒谎来掩饰自己犯下的过失，他的父亲不由得一声叹息：看来这孩子长大后只能去从政了。这就是政治在人们心目中的形象，而人又是政治的动物，难怪会有愤世嫉俗的评论家得出如此结论：人性不如兽性。但事实上，政治不是人类的专利，政治的根要比人类更古老，灵长类专家德瓦尔的《黑猩猩的政治》一书即是明证。这是一部有分量的动物行为学专著，但因其研究对象是人类的近亲，我们从中似乎能读出更多的东西。

本书围绕着一群黑猩猩展开，它们生活于荷兰的阿纳姆动物园。出于研究的需要，这些黑猩猩分别有自己的名字：其中的耶罗恩、鲁伊特与尼基，是雄性中的三位实力派角色。雌性的首领则是“大妈妈”，一位德高望重的贾母式角色。由于生活在动物园这一人工环境之中，衣食无忧，于是这些黑猩猩们就有了更多的时间用于“政治”，亦即营造复杂的社会关系。说穿了，政治的本义就是追求权力，而权力则用于竞争或控制资源，尤其是性资源。如此说来，争权夺利与争风吃醋本是同根生。繁殖可说是生命存在的首要理由。对于雄性来说，精子的数量要远远多于这些精子得以受孕的机会，因而雌性就是一种稀缺资源。对于雄性来说，占据权力的宝座，则意味着占据性资源。难怪有这样的说法：男人通过征服世界而征服女人，这里的世界就是权力；也难怪贪官的背后总有情妇的影子。

但对雌性来说情况则有所不同。别说雌性的产卵数量远不及雄性精子的数量，对于哺乳动物来说，交配以后的怀孕、哺乳更是一个漫长的过程。因此雄性的精子不是稀缺资源，在野外环境中，食物才是稀缺资源，而雄性则可以带来更多的食物。于是，雌性仅为雄性的食物而竞争。难怪还有下述说法：女人通过征服男人而征服世界，这里的世界就是食物。不过在黑猩猩的世界中，雌性之间的竞争远不如雄性那么激烈，或许是因为食物的稀缺程度不如性资源那般紧俏。雌性首领的胜出更多是论资排辈的结果，看来“多年的媳妇熬成婆”具有某种普适性。

一个意味深长的现象是，在黑猩猩中，雄性之间的竞争，并不纯靠体力，还有复杂的策略。在阿纳姆动物园，耶罗恩一度是首领。但鲁伊特却是一个不可小觑的对手，它不时发起对耶罗恩的攻击。当耶罗恩抵挡不住而向雌性个体求援时，年轻气盛的尼基出场了，它对雌性大打出手，阻止它们的支援。经过几番这样的较量与挑战之后，鲁伊特成为首领。理所当然地，尼基成为二号角色。但有一次正当尼基与雌性进行交配时，鲁伊特却进行干涉。尼基当然要报复，报复的手段极其简单，它主动接近耶罗恩，这就足以对鲁伊特构成威胁。可见鲁伊特与尼基只是暂时的联盟，它们之间显然也存在着竞争关系。老奸巨猾的耶罗恩察觉了这一点并且加以利用，后来它转而支持尼基，双方合作的结果就是，鲁伊特被赶下了台，尼基成为首领。这时研究人员做出一个决定，把尼基转移出去。在这一难得的权力真空的情况下，果然耶罗恩向鲁伊特发起了挑战，但结果却是以失败而告终。认输后的耶罗恩断了谋反之念，就此与鲁伊特和平相处。

然而随着昔日的首领尼基的重新返回，鲁伊特与尼基之间再次面临着一场权力竞争，耶罗恩也再次成为关键角色，不过他依旧站在尼基一边。结果就是，尼基重新坐上权力宝座。自那以后，耶罗恩与尼基结成牢固的联盟，对付它们共同的敌手——鲁伊特。耶罗恩扮演的是一个老谋深算的军师角色。有一次，眼见丹迪——另外一个具有潜在实力的雄性个体——靠近鲁伊特时，耶罗恩马上冲尼基发出咕哝声，尼基心领神会地赶走了丹迪。可见耶罗恩的政治嗅觉有多灵敏。其实在被废黜之后，耶罗恩面临着这一选择，与更强的鲁伊特还是与相对较弱的尼基合作。在此，耶罗恩做出了理性的选择，因为它正确地判断，只有通过与弱者的联合，才更有可能发挥自己的影响力。

如果把理性定义为“将过去的各种经验相联结以便实现某种目的”（P45），那就意味着，理性需要有对过去的记忆以及对将来的预测。正是这种记忆和预测能力，使得理性与本能相区别，难怪哲学家向来把理性看作是仅属于人的特性。就本能而言，松鼠会在秋天收集过冬的食物。松鼠天生就会这样做，是自然选择教会它们这样做，因为那些不具备这种行为的个体全在冬天饿死了，恰好有此行为的个体才侥幸生存了下来，尽管它们并不知道这样做的前因后果。通过训练，老鼠知道踩下踏板就可得到食物，在饥饿时它们就会这样去做，但仅限于饥饿时。这就是说，它们有通过学习而得到的过去经验，却不具有针对未来的目的性行为。

黑猩猩则不是这样。就耶罗恩的上述行为而言，显然是精心算计后的结果，但要定义这种算计也许缺乏直接证据，也有可能我们是错误地把人的动机强加于黑猩猩身上了。但黑猩猩表现出来的诸多行为却只能用“理性的算计”加以定义。比如，有一次，两个小黑猩猩吵了起来，它们的母亲都在场，其中的一位母亲特普尔，就捅醒了正在一旁午睡的“大妈妈”，指给她看正在发生的事。在大妈妈的干预下，两个孩子停止了争吵。特普尔的这一行为显然是理性考虑后的结果。根据过去的经验，她知道此时作为母亲不便出面干涉，而大妈妈却具有某种权威性，并且预知大妈妈定会出场搞定这场争吵。这样的例子在黑猩猩群体中不胜枚举。由此我们足可做出判断，耶罗恩的选择是基于理性判断的结果。

还有一个例子值得一提。实验人员给一头雌黑猩猩朱莉亚出示一只里面装有两把钥匙的盒子，她得选对一把，以便打开同样装有两把钥匙的另外一只盒子，直到打开第10只盒子，那里装有美味食物。但若选错，最后打开的则是一只空盒子。最后朱莉亚得到了食物。要完成这一过程，朱莉亚显然得有一种预测能力，知道自己每选一次与最后结果之间的关系。但该实验的意义还不止于此。正如实验的设计者所说，在自然环境中，黑猩猩不会面对如此复杂的问题，这就令人想到人类智力的起源问题。当初达尔文与华莱士的分歧就在于，数学、艺术等才能非生存所必需，但人类却额外具有这些才能，对此自然选择似乎不足以做出解释。于是，华莱士转而求助于神创论，但达尔文却坚决反对。而上述实验对于达尔文则是一个有力的支持。朱莉亚所面对的问题，相当于人类的谱曲或解题过程，均与自然环境中的生存难题无关，但只要理性思维有助于在复杂的社会关系中更好地生存，如上述特普尔或耶罗恩的例子，那么它就必然会受到自然选择的青睐，并且有可能用于其他与生存无关的场合。这就是人类艺术和科学的起源。

黑猩猩好比是一面镜子，人类不由自主地会拿它来比照自己的行为。且看雄性首领的行为。以鲁伊特为例，当其他个体发生激烈冲突时，作为首领的它更多表现出主持公道或支持弱者的行为，而不是像过去那样仅从派系斗争中得利。比如当尼基攻击另一个体安波时，鲁伊特就会站在安波这一方。可见鲁伊特表现出一个政治家的良好素质。此外，黑猩猩雄性还常常表现出对雌性及其幼仔的忍让，在争斗中，尽管雄性的体力远胜于雌性，但它们决不会动用自己的尖牙利齿。甚至雄性相互之间的争斗通常也是有克制的，决不会轻易置对方于死地。并且冲突之后大多伴随着和解行为，相互为对方梳理毛发。正是上述行为，容易让人产生误解，以至于得出结论，人性甚至不如兽性，黑猩猩尚且知道同情弱者，保护妇女儿童的利益，热爱和平甚于动武。与之对照，人类岂非更加堕落？田松为本书写的导言不幸就存在这种误读。当然还有另外一种对照法，即把人类中的丑行类比为动物。比如，当《黑猩猩的政治》在法国出版时，出版者背着作者在封面上把法国总统密特朗和希拉克的照片放到一个露齿而笑的黑猩猩的两边，以此暗喻这些政客的嘴脸相当于类人猿。对此，作者再三强调本书的主旨："它不是要嘲笑人类，而是想说明黑猩猩生活在复杂的、充满联盟和权力操纵的社会中，这种社会在某种程度上反映了我们自己的情况。"

以鲁伊特的行为来说，它之所以扶持弱者，这是因为尽管黑猩猩群体中没有民主选举，但在权力之争中，能够得到其他个体的支持至关重要。至于雄性对雌性及其幼崽的忍让：雄性忍让幼崽，是看在其母亲的分上；而雄性忍让雌性，因为雌性是不可多得的性资源；还有一个理由，黑猩猩雄性并没有父亲的意识，但宽待幼崽的雄性，其后代就更有机会生存下来。再说到雄性相互之间的克制，毕竟恶意争斗的结果总是两败俱伤。但也有例外。在一个月黑风高的夜晚，耶罗恩和尼基联手发动了一场血腥的攻击，鲁伊特受到重创而死去。悲剧的形成恐怕与当时的笼子里只有这三头雄性个体有关，否则雌性个体一定会出面干预的。鲁伊特死后，耶罗恩转而与新崛起的丹迪联手，尼基成了孤家寡人，最后的结局是淹死于河里。报纸称之为是"自杀"，但据作者推测，更有可能是受到攻击之后慌不择路逃命而致死。随着尼基的死亡，耶罗恩与丹迪之间的亲密关系也随之结束。丹迪成为新首领。可以想象，这是一场永远也不会落幕的权力之争。

若把黑猩猩当作镜子，照出的人性其实与兽性惊人地相似。若说人的行为有时甚至不如动物，那也只是条件有所不同，而非人性更堕落。当人类的首领表现出恃强凌弱的行为时，只因为他的统治仅靠权势而非民意维持；要说女性更为重视家庭和亲情，那也是因为雌性对于后代的投入必须更多，而非女人天生要比男人更具美德。但若一定要问人性还比兽性多出什么，思前想后，答案恐怕就是，人类更善于伪装自己的动机，因为人类有语言，有时谎话重复多遍，不幸就成了“真理”。

重读达尔文

《达尔文新考》，庚镇城著，上海科学技术出版社。

有关达尔文的文献或传记，可谓汗牛充栋，但最近刚刚出版的《达尔文新考》却为读者提供了不少令人耳目一新的资料，说其“新考”名副其实。作者庚镇城教授跟随谈家桢先生从事异色瓢虫和果蝇的进化遗传学研究长达半个世纪，学术功底堪称深厚。在此期间，庚先生深入阅读达尔文的诸多原著以及当代进化论的文献，字里行间，颇有心得；诸多史实，信手拈来。

就以《物种起源》的版本来说，各种中译本均按第6版译出。

原因不难理解，既然第6版是达尔文生前修订的最后一版，理应最能反映达尔文的成熟思想。但西方学者在重新系统研究了达尔文的著作之后，却认为第1版才是最有价值的。理由是，正是在第1版中，达尔文毫无顾忌地表达了自己的思想。然而，当《物种起源》问世之后，却招来诸多质疑和反驳，达尔文不得不修正自己的观点，但这些修正在今天看来却是一种倒退，反而是达尔文的原始观点更可取。难得的是，作者在本书中专门辟有一节，根据日译本，译出《物种起源》中的第14章——《复述和总结》，将第1版至第6版的改动都一一标出。仔细研读后，耐人寻味。在后面的版本中，达尔文加入重要的内容，承认除自然选择之外，获得性遗传也起到相当大的作用。显然这是因为自然选择学说遭到的反对实在过于激烈，以至达尔文不得不考虑引起物种变异的其他途径。但现代遗传学恰恰否认获得性遗传的科学地位，因为它迄今没有过硬证据。

自然选择理论与宗教的冲突更是不言而喻。因而在第2版中，达尔文加入“本书所提出的观点为什么会震动所有人的宗教感情，我看不出有什么好的理由”。对此，达尔文为自己寻找了辩护理由，他举出一位神学家给他的来信：“他已经逐渐觉得相信‘神’创造出一些少数原始类型，它们能够自己发展成其他必要类型，与相信‘神’需要一种新的创造作用来填充由他的法则的作用所引起的空虚，同样都是崇高的‘神’的观念”。这位神学家就是金斯利，一位具有自由主义思想的教会人士。由于观察过家养动物和栽培植物的杂交，他很长时间以来就不相信物种不变这一教条。同时他所说的有关两种神的观念，其实反映了两种创造观：前者认为，神通过创造自然规律而令无数物种自发起源；后者认为，神通过单独行动而分别创造了众多物种。在给达尔文的信中，他最后这样写道：“我怀疑的是，前者是不是一种更崇高的思想。”不少开明派教会人士正是在此意义上认同自然选择理论，因为在他们看来，上帝通过设计自然选择规律来创造物种似乎是一种更为明智的作法。看来达尔文为了缓和自己的学说与宗教的矛盾也只好默认这一说法。但事实上，遍读达尔文自传及其书信集，却找不到他对这一说法的明确认同。达尔文反复强调的是，他看不出有任何理由可以表明“所有这些法则都是由一个全知的、预见了每一未来事物及其结果的创造者特为某种目的而设计出来的”。但是，另一方面，“当我们观察了这个奇异的宇宙以后，特别是观察了人类的性质以后，如果作出结论每一事物都是无理性的盲目力量的结果，这无论如何也不能使我满足”。因此，“我深切感到，就人类的智力来说，整个问题是太深奥了”（见《达尔文生平》，第315–316页）。

因此有必要强调的是，在宗教问题上，达尔文始终是一个怀疑论者而非本书所说的无神论者。不过在《物种起源》最后一段脍炙人口的总结中达尔文写道：“认为生命及其若干能力原来是由‘造物主’吹入到少数类型或一个类型中去的，并且认为在这个行星按照引力的既定法则继续运行的时候，最美丽的和最奇异的无限类型从如此简单的开始，过去曾经发生了而且现在还在发生着；这种观点是极其壮丽的。”其中的“造物主”正是在第6版中才加入的。尽管这一增加并不意味着达尔文接受了有神论，他完全有可能是在自然神论的意义上使用造物主这一概念，亦即神也许与宇宙秩序的形成有关，但与人间事务却毫无纠葛，正如18世纪的启蒙学者或当代的爱因斯坦也正是在此意义上认同神的存在一样。但这一认同却或多或少是一种妥协或退让，至少表明达尔文不想让自己在公开场合完全与宗教划清界限。

不过在本书作者看来，如达尔文这样的科学巨匠也惧怕卷入到直接攻击基督教和有神论的旋涡中去，表明资本主义的自由民主有其虚伪性，这样的说法似乎欠妥。毕竟达尔文不只是生活在真空之中的思想家，他有天伦之情、夫妻之爱、朋友之道，要他完全不顾亲朋好友的感受，天马行空般地特立独行，不符人之常情。但最终达尔文的葬礼在威斯敏斯特教堂举行，灵柩也安葬在那儿，与牛顿墓相邻，这就表明当时的主流社会还是认同并且赞赏达尔文做出的巨大贡献。

本书还澄清了不少史实。比如，曾有学者认为达尔文有抄袭华莱士论文之嫌疑，理由是达尔文在收到华莱士的论文之后，隐瞒了收到日期，并把华莱士论文中的分歧原理放到自己的著作当中，使它成为第4章。而且两人不仅论点相似，甚至连写法也惊人得相似。其实对写法上的相似，达尔文自己也坦然承认。但究竟是否抄袭，本书作者举出1857年9月5日达尔文写给友人的一封信，其中提到自己发现分歧原理一事。这是一个过硬的证据，因为它发生在收到华莱士来信前一年。不过达尔文确实很晚才确立分歧原理：取食同样食物，感受同种威胁，因而种内竞争对于进化来说更为重要。但本书作者却认为达尔文的这一观点是不正确的，因为它不符合大自然的实际。那么，究竟该如何来评价呢？

放眼望去，自然界确实存在大量互助现象，它们不仅发生在同种内个体之间，也发生在不同种个体之间。如昆虫的采蜜行为就是不同物种之间完美合作的佳例；又如鸟儿的互助合群行为，比如当一只鸟首先发现敌情时立刻就会发出警报声，以便同伴及时逃离，尽管此举却有可能使它自身暴露于危险之中。这样的例子不胜枚举。但科学理论之所以具有非凡的洞察力，就在于它能透过这些表面现象而直抵要害所在。以种间合作来说，我们一般不会相信蜜蜂采蜜就是为了帮助植物授精，而是认为蜜蜂的行为恰恰出自于私利，但这是一个对双方都有益处的现象，正如本书作者所说，这一原理的确立还与达尔文接受当时经济学理论中的分工原理有关。其实最早提出分工有利于提高生产效率的是自由主义经济学理论的鼻祖亚当·斯密，斯密最先提出市场经济受所谓“看不见的手”之引导，这与自然选择理论有着异曲同工之妙。达尔文理论的核心思想即在于自然界秩序的形成不需要神的有意设计，而在于自然选择这双无形之手的操纵。难怪哈耶克认为，达尔文理论恰是经济学思想在生物界的移植，但后来人却忘记了这一史实，反而从生物学那里去寻找经济学理论的源头。

生存斗争是达尔文理论的一个核心要点，其竞争对象包括无机环境、异种个体及其同种个体。不过达尔文认为：“最激烈的斗争，差不多总是发生在同种的个体之间，因为它们居住在同一地，受到了自然选择的保留。”然而，当我们对待种内个体的合作现象时，却不愿采用这一思路，亦即承认互助行为首先正是出自于私利，相反却认定它是为了集体利益之故。为何容易发生这样的偏见？显然这与人类对道德的认识有关。我们把道德首先看作是一种利他行为，并且认为同种个体之间更是存在浓浓的亲情，所谓血浓于水就是一种生动的表达。当我们把这样的道德观映射至动物界时，就会想当然地给动物界披上一层温情脉脉的面纱，并且借此来强化人类的道德感。

本书作者引用俄国学者克鲁泡特金的《互助论》（1902年）来反对达尔文的观点。在克鲁泡特金看来，大量存在的互助和合群现象才是进化的主要因素，而不是种内个体间的斗争。但如今的学术界对此早已达成共识，基于个体或基因层次上的选择才是进化的动力，而基于群体利益的选择根本就是站不住脚的。这就回到了达尔文的原始观点：个体竞争才是进化的动力，尽管最终它会惠及于群体利益。这正如斯密的名言："我们有面包可吃并不是出自于面包师的仁慈，而是出自于他的私利，但市场经济中对私利的追逐最终却有益于每个人的利益。"相反，一个企业主若反复强调他是为了大众的利益才生产，我们反倒要打上一个问号。自然界中的个体当然不会做这样的算计或表白，它们只是受自然选择的引导，而自然选择的逻辑就是令个体的后代达到最大化。或者用当代进化论者道金斯的话来说，基因的本性就是尽可能多地复制自己的后代，这就是基因的自私性，而互助或合作仅是达到这一目的的手段而已，因此进化并不考虑更高的群体利益。

有一个现象正好印证了上述观点，这就是性别的比例。生物界中的雌雄比例大致接近于1：1。据作者看来，"这样的性比，使雄者可婚，雌者可嫁，对其种族延续是有利的"（第193页）。但事实上，若从群体的利益出发，尤其在哺乳动物中，雌性多于雄性，这才有利于群体的繁殖达到最大化，毕竟生育数目的限制因素在于雌性而非雄性。但若从个体利益出发，此现象就能得到合理解释。费歇尔对此的论证极为漂亮。他先是假设任意一种性别占优势，比如出生时雄性少于雌性。雄性由于数量少，配育的机会增加，于是，雄性留下的后代数多于雌性，那么，具有这种遗传倾向的亲代便会获得优势，亦即多多生育雄性的基因将会得到保存并扩散开来，然而随着雄性数目的增长，这种优势便渐趋消失，直至雌雄比例达到1：1时。反之也是。不过男女比例的大致相等倒是为人类的一夫一妻制提供了现成的理由，尽管严格的一夫一妻制正是基督教的产物，因此神学家恐怕会极其赞赏上帝的这一英明安排。如此看来，作者之所以会有上述误解，恐怕是被人类社会中的一夫一妻制现象迷惑了。

当代进化论者以亲选择及其互惠利他来解释群体内的互助合作现象。这就是说，同一群体或（物种）的成员拥有更多相同的基因，因此帮助其他个体，也就有益于自己基因的传播。社会性昆虫更是如此。由于其特殊的生育方式，如蜜蜂这样的社会性昆虫，其同胞手足之间的共享基因不再是通常的二分之一，而是高达四分之三，因此它们彼此间就表现出更多的利他行为。

其实对于自然选择理论来说，正因为同种个体间的生存竞争更为激烈，于是稍微具有特色的个体更容易脱颖而出，中间型的个体更容易绝灭，从而导致物种的多样性，这就是分歧原理的确立。加拉帕戈斯群岛上莺鸟的进化就是一例。这些莺鸟具有各自独特的鸟喙以适合于啄食不同的食物，比如昆虫或坚果类或草籽类等，这就是趋异现象的发生，它们正是物种起源的第一步。

说到达尔文生平，达尔文夫妇一生共生育十个子女，其中有三个夭折，还有一个女儿似乎有缺陷，终生未婚。有一种广为流传的说法认为这与达尔文的近亲婚姻有关，达尔文与其妻子爱玛是表亲，本书也采纳了这一说法。但事实上这种看法并无道理。达尔文三个夭折的孩子都是死于传染病，其中的一个女儿安妮于十岁时因肺结核而死去。安妮极为聪明乖巧，父母视之为掌上明珠，因此安妮的夭折成为达尔文夫妇一生都无法抹去的锥心之痛。正是在安妮死后，达尔文再也不愿去教堂了。达尔文反复强调，他无论如何都没法接受，一个仁慈的上帝怎么会让自然界充满如此多的残酷，他无法忘怀的正是安妮的夭折。还有一个因猩红热而死去的男孩确实患有唐氏症，但这显然与爱玛生育时已是一个48岁的高龄产妇有关。至于那个终生未婚的女儿，达尔文还仔细地描述过她儿时的一举一动，认为与自己极为相似，比如都有面部神经抽搐的现象等，以此证明遗传力量之强大。可见三个孩子的夭折及其一个女儿的未婚（未婚现象在西方社会不足为奇）都是与近亲婚姻无关的事例。实际上，达尔文夫妇的儿子们不是科学家就是银行家或政治家（见《安妮的盒子》）。

大脑进化与自我意识的出现

《脑的进化：自我意识的创生》，约翰·C·埃克尔斯著，潘泓译，上海科技教育出版社。

康德的这一名言脍炙人口：有两种东西我们愈经常愈反复思想时，它们就给人灌注了时时更新、有加无已的惊赞和敬畏之情——头上的星空和心中的道德律。在康德看来，我们心中的道德律绝对不是自然科学研究的对象，因支撑道德的根基是自由意志，而自由意志恰恰是对自然界中普遍存在的因果律的反叛和违背。比如，水往低处流，是遵循因果律而动；但人往高处走，则是人凭借自由意志而做出的自愿抉择。但康德也许不会预料到，随着科学的步步深入，人们在窥探大脑奥秘的同时，还试图为人类道德的出现寻找生理机制。近读《脑的进化》一书，就感受到了这一激动人心的进展。本书出自著名神经生理学家埃克尔斯之手，作者因对神经元之间突触机制的研究而与人共享1963年的诺贝尔生理学或医学奖。

正如书名所表明的，作者是紧扣进化这一主线来讨论人类大脑种种特质的出现过程。先来看大脑边缘系统，其重要组成部分是杏仁核的两个亚核团，分别位于边缘系统的正中内侧部和皮层——基底外侧部。实验表明，若对正中部杏仁核施加刺激，会引发不可自控的狂暴；但对外侧部杏仁核施加刺激，则引发难以抑制的愉悦感。这些情绪的产生与杏仁核分泌的生化物质有关：去甲肾上腺素和多巴胺与好斗、自我刺激有关；而5-羟色胺则导致松弛和睡眠。更有意思的现象是，在从人到猿的进化过程中，正中部的杏仁核保持在较低水平；而外侧部杏仁核则有相当大的增长。结论不言而喻：相比于动物，人类逐步享受了更多的愉悦感，同时更多地摆脱了好斗和狂暴的情绪。这一结论也与古多尔对黑猩猩的野外观察相一致，古道尔发现在黑猩猩群体中存在着大量的暴力争斗行为。这就是说，在人之上升为人的过程中，我们确实在远离兽性，即残暴好斗的那一面，而逐渐享受到爱意与和平所带来的宁静和愉悦。不过问题的另一面却是，令人产生欣快愉悦感的部位也正是毒品附着的地方，难怪各地的人群都能设法找到某种令人上瘾的植物以满足非生存所需，而野外生活的动物则对此一无所知。此外，人类也不可能完全摆脱正中部杏仁核所产生的情绪体验，因为勇气和冒险行为都需要一定程度的挑衅进取（即好斗）精神作为支撑。在此意义上，让世界充满爱也许是一种难以企及的境界？

随着好斗暴力行为在人类生活中的逐渐淡化，一种崭新的特质开始出现：那就是同情心。休谟曾经说过，同情心是一种高贵的情感。野外生活的灵长类根本没有同情心，好斗霸道才能争得地盘和地位，进而为自身带来进食和交配方面的优先权。但人类的进化则走上了不同的道路。考古学上的证据表明，有一具6万年前的尼安德特人的骨架，它出生时就是残疾，随后又受伤多次，但却活了至少40年，若没有部落里其他人的照顾，这是不可能发生的事情。由此可以判定，人类最早的同情心出现于6万年前。在作者看来，同情心是利他主义行为得以产生的根由。正是在这一点上，作者与道金斯、威尔逊等社会生物学家的看法有所不同。在后者看来，社会性昆虫所表现出来的舍己行为，如工蜂牺牲自己来成全蜂王和群体的利益，就是利他主义的表现。但在本书作者看来，这样的本能行为应该被称作是“伪利他主义”。真正的利他主义必须要有“意图”作为基础，亦即预知自己的行动是在为他人谋利。显然，出自于“意图”的利他行为只能见之于人类，且出自于同情心使然。

毋庸讳言，人类智力进化的顶峰也许就是自我意识的开端。有证据表明，黑猩猩能认出镜子里的自我（表现为对着镜子挪去脸上的颜色标记），这是对自我的初级意识。正如生物学家杜布赞斯基所说：“自知是人类的根本特征之一，但自知也带来了一系列的阴暗面——害怕、焦虑和对死亡的自知。”不过在我看来，正是上述所谓的阴暗面，构成了人类文明进化的最有影响的推动力。自我意识的出现也就意味着个体意识到有一个恒常自我的存在，这显然需要有个体记忆的连续性作为保证，而其物质基础就源于个体所拥有的大脑。如此看来，躯体的每一器官都能进行移植，包括如今正在走俏的“换脸术”，但大脑移植万万是做不得的。然而，大脑几乎有无数种不同的神经活动模式，它们又是如何整合成为一个完整的自我意识的呢？作者提出的一个假说认为，具有自我意识的心智并不只是被动地参与神经活动，而是主动进行搜索，按照心智特有的兴趣、动机将大脑不同区域读出的结果融合在一起，从而维护个体意识的完整性。

在自我的基础上再来看自由意志。如前所述，在康德那儿，自由意志绝对是一个哲学概念，它是对自然界普遍存在的因果律的打破。但作者却要为自由意志找到一种生理机制。在量子力学中存在一种概率场，它既不涉及物质，也不涉及能量，仅仅涉及信息的交换，与此类似，自我或许正是通过对大脑突触施加类似概率场的作用来干涉自然因果关系，从而使自由意志成为可能。惊人的结论还在后头，从作者的观点中可见，“自我意识”是人性中的一个根本要素，我们每一个人都体验到自己是独一无二的存在，但在作者看来，这种唯一性，只能来自于超自然的奇迹，那就是一个赋予我们灵魂的仁慈的上帝的存在。这不由得让人想起与达尔文同时提出自然选择理论的华莱士，华莱士与达尔文的深刻分歧在于，他相信人类那无与伦比的智力只能出自于上帝的安排而非自然选择的产物。本书作者持有的正是与华莱士相同的观点，在他看来，自然选择的有效性至人类这儿已走到尽头，一旦出现自我意识的存在，人脑的进化则超越了自身，它开始在探求爱、美、真的过程中寻求希望和意义。简单地说作者不幸堕入唯心主义的泥坑，这种评判毫无意义。也许在一个有神论者看来，生命的意义绝不存在物质基础，于是上帝在此不可或缺。但一个无神论者同样也在积极地寻找生命的意义，即便没有上帝的存在，问题是，在上帝缺席的情况下，关于希望和意义的根基该立足于何处？这显然也是一个超越大脑进化的问题，只是在我看来，答案的寻求是位于哲学而不一定是神学之中。

自私的基因，自私的策略

《自私的基因》，理查德·道金斯著，卢允中、张岱云、陈复加、罗小舟译，中信出版社。

据说有一首乐曲，听过的人会忍不住自杀，世上居然存在如此令人绝望心碎的音乐，其真实性似可怀疑。不过确实存在这样一本书，读过之后，它的一名出版商三天没有睡好觉；还有读者问作者，他在早上怎么还有起床的勇气；更有一位老师写信责备作者，他怎么能写这样的书呢，因为他的一位学生读完该书之后，因认识到生活的无比空虚和渺茫而泪流满面、伤心欲绝。这本书，就是道金斯的《自私的基因》。道金斯本人也因该书的走俏而一举成名。

大致说来，道金斯的论证思路如下。所有的生物，都是自然选择的产物，而自然选择的定义就是基因的差别性生存。具体说来，基因的使命就在于尽可能多地繁殖或复制自身的后代。但复制总免不了有差错，这样它的后代相互之间就会存在分化或变异。变异带来了竞争，因为相对于特定的环境而言，有些变异更适应，于是它就会有更多的生存机会，从而把那些不利的变异淘汰出局，其结果就是基因的差别性生存。因此我们也可把自然选择比做是一只筛子，它犹如大浪淘沙般地去芜存菁。在此过程中，每一个基因为使自身的后代达到最大化，不择手段地淘汰竞争对手，基因的自私性源出于此。

不过裸露的基因难以让自己生存下来，更谈不上有效的复制。能够生存至今的基因必定都为自己构造了一个精致的载体，用道金斯的术语来说，就是生存机器，通常我们则称之为“个体”。病毒可说是裸露的基因，但病毒无法单独生存，它必须寄居于个体之中才能生存并且繁衍。如此说来，个体的生存其实就是为了服务于体内的基因，反过来说，正是基因决定了个体的结构及其功能。人类也不例外，甚至我们的行为在很大程度上也听命于我们体内基因的调控。

为了在竞争中脱颖而出，基因不得不各显神通，演化出最佳策略。以性别为例，如何定义雌雄？对于高等动物，尤其是哺乳动物来说，有个约定俗成的标准：雄性通过生殖器官把精子送入雌性体内，胚胎在雌性体内孕育。但对于更多其他物种来说，雌雄标准就不那么好定了。比如鱼类，无论雌雄都把生殖细胞排出体外，洒向水中。上述的雌雄定义就难再见效。但若观察生殖细胞，我们则可如此定义雌雄：体形小、活动力强、数量多的为雄性，称之为精子；反之则为雌性，称之为卵子。卵细胞内含有营养物质——卵黄，因而体形更大些，爬行类、鸟类的卵细胞，也称作蛋，其卵黄是如此发达，以至于足够为发育中的幼体提供长达数周的营养。

不过某些更原始的生命，比如真菌类，它们所产生的生殖细胞就没有上述分化，生物学家称之为同型配子。因而真菌就无所谓雌雄，尽管它们也行有性生殖，可见有性生殖（性交）要早于性别分化（雌雄），或者说同性恋要早于异性恋。在演化过程中，某些个体所产生的配子恰好多贮存了些营养物质，受精后它们的后代就有了更多的生存机会，它们就是卵细胞的祖先；某些个体见有机可趁，在产生配子的过程中，干脆在数量和灵活性上做文章，让其主动出击，专门寻找那些体形更大的配子，它们就是精子的祖先。至于那些特色不明显的配子看来就被淘汰了。可见性别起源的过程其实也就是两种生殖策略各自分化并完善的过程。从此雌雄结成一对欢喜冤家，必须配合才能受精。

雌雄各自不同的策略不仅体现在精子和卵细胞的构造中，更体现在个体不同的行为上。雌雄的结合好比是合作投资一家公司，盈利就是子女。但雌性的投资额更大些，因为卵子中还含有卵黄，哺乳动物的雌性就更不用说了，漫长的怀孕期以及哺乳更是一笔不菲的投资。这就决定了雄性更具乱交倾向，哪怕广种薄收呢，因为精子较为廉价；雌性在挑选配偶时则更为谨慎挑剔，因为一旦投资失败，她所要承担的损失远大于雄性。因此受精之后，雌性还不得不承担起抚育者的角色，若"鸡飞蛋打"，对雌性更是一场悲剧。尽管正当母鸡孵蛋之际，公鸡也许又在寻找新的交配机会了。

但鱼类却是例外，很多鱼类是由雄性承担抚育角色。这一看似反常的行为依然符合基因的自私本性。这是因为，鱼类生活在水中，其交配模式是体外受精，亦即雌雄个体直接把生殖细胞排向水里。这就引出一个问题：该谁先排出生殖细胞？答案是雌性。假设雄性先排出精子，而雌性却未及时跟进排出卵子，精子就浪费了，因为精子体轻容易散失；相反，若雌性先排出卵子，卵子因体重而不易散失，足可等待雄性随后的排精。就是这短短的几秒时差，足以让雌性在排卵之后迅速逃之夭夭，留下雄性不得不接管抚育任务。

上述现象令我们不得不承认，雌雄之间的联盟是利益博弈的结果。民间的谚语看似无情，却道出了某种真情：夫妻本是同林鸟，大难到来各自飞。在家庭这一利益共同体中，由于雌性的投资更多，因而母亲对于子女（亦即盈利结果）也就更为在乎。在人类生活中，母爱也常常比父爱来得更为深情。同样有民谚为证：宁要讨饭娘，不跟做官爹。

但是且慢，难道基因还会算计且知道什么是最佳策略？基因当然不会算计，所以道金斯在此所用的“策略”，仅是比喻，它专门指在自然选择筛选之下，得到保存的那些行为。达尔文在南非时曾观察到有一种蜂类，它捕捉毛虫并令其昏迷，以便给未来的幼蜂当作食物。就是依靠这样的本能，这种蜂类得以代代相传。这一现象曾让达尔文困惑，因为蜂类并不知道这种行为的后果，莫非它真是出自于神的设计？但正是对这一现象的思索让达尔文接近正确的答案。达尔文的解释是，蜂类偶然做出这一行为，却有利于后代的生存，于是具有这种行为的个体得以繁衍，不具此种行为的个体则绝种，这就是自然选择的逻辑。它无须有意算计，仅借助于偶然性和优胜劣汰，有序乃从无序中而来。自达尔文以来，生物学家正是在此意义上解读所有的适应现象。因此，当道金斯等动物行为学家借助“策略”一词来描述这种适应现象时，我们必须切记，此策略乃是自然选择的逻辑，与有意算计无关。因此，当道金斯用“自私”一词来形容基因的策略时，也仅是一种比喻性的描述，并非指基因就是恶的化身。

在《自私的基因》中，道金斯还专门讨论了进化上的稳定策略（ESS），意即一个群体中的大部分成员所采用的某种策略。设想一种最简单的情况：鹰代表进攻策略，鸽代表和平策略。当一个群体的成员全部采用鹰策略时，结果就是搏斗至死；相反，当全部采用鸽策略时，彼此能够友好相处。但问题在于，此时群体中只要出现一个异类，当大家都打得不可开交时，它却袖手旁观、退让三分；或者当大家都彬彬有礼时，它却主动出击。结果可以想象，这一异类必定所向无敌大获成功。然而当群体中充满它的后代时，则又回到相反的局面。可见这种情况并不是进化上的稳定策略。根据计算，当这两种策略之比为六分之一的鹰对六分之五的鸽时，达到平衡，此即进化上的稳定策略。此时的群体也处于稳定或和谐之中，但需强调，这种稳定的维持并不是出于群体利益的需要，而是每一个体的自私考虑。比如，生物界一般不会出现同类相食的情况，著名的动物行为学家洛仑兹将此解释为出于群体利益的需要，同种动物自然不会自相残杀。但若从稳定策略出发，虎与虎之间若互相吞食，必定会以两败俱伤而告终，显然这不是稳定策略。对于羊来说，与捕食者搏斗的个体也只能沦为对方的美食而绝种，因而及时逃走就是羊的稳定策略。这就是食肉动物和食草动物各自采用的稳定策略，可见其出发点是基于个体而非群体利益的算计。

人类社会中同样不乏这样的例子。比如，中国制造的廉价产品倾销欧美各国。如果出于更高的国家利益，企业之间似乎应该达成价格同盟，规定不准廉价出口。但事实上，各企业出于对自身利益的追逐，反而竞相压价，以扩大出口份额。要改变这种恶性竞争，良策决非由国家来制订统一价格，而是通过法律来规范各企业的行为，例如制订并落实环保措施，出台最低工资标准等，以迫使企业放弃廉价策略，走向良性竞争。

当然鹰和鸽的策略过于简单。还有一种更为复杂的情况，假设除鹰和鸽之外，还存在第三种策略：一报还一报型。它的行为总是先表现得如同鸽，若对方也是鸽，双方则继续友好相处；但若对方是鹰，它就以牙还牙。计算机模拟表明，最后胜出的是一报还一报型，亦即它将作为一种稳定策略而占据主导地位。可以想象，这种策略存在的前提是，博弈次数必须足够多而不是单次搞定。这就验证了一个基本的生活常识：一锤子买卖容易滋生欺骗行为。所谓路遥知马力，日久见人心，说的也是同一道理。

由于生物的进化是一个极其漫长的过程，足以为各方的博弈提供无数次机会。道金斯在书中举了不少这方面的例子。比如，海洋里有若干种小鱼虾，靠为大鱼做清洁工作来谋生。大鱼张开嘴巴，让小鱼游进游出为它剔牙、清理鱼鳃，小鱼借此而美餐一顿。这种共生现象就是生物界的互助行为。自从达尔文提出自然选择理论以来，一种质疑批评声不绝如缕：自然选择过多重视个体间的竞争现象，从而忽略了互助行为；生物界似乎比要达尔文所揭示的世界更为温情脉脉，更少血腥味。但事实上，达尔文理论同样重视这种互助现象的存在，只是解释有所不同：个体间的互助不是出自于利他美德，而是自私本性。那些永远张口就吃掉小鱼的大鱼，最后也许就死于寄生虫感染；而那些不做清洗工作、趁机咬上一口就溜的小鱼，也许更有可能被惹急的大鱼吃掉。经历无数次的博弈，只有互相合作的个体才得以代代繁衍、生存至今。也就是说，凭借自私的本性，同样可以演化出利他的行为。

也许我们可以用下述词语来概括三种策略：自私、利他和自利。一个全部由自私或利他个体组成的群体是不稳定的。理由如鹰–鸽对弈策略所述。前者必然会走向灭绝；后者必然会被偶然出现的自私者钻尽空子，当这样的自私者充满群体时，等待它的也只能是全军覆灭的结局。仅当存在第三种策略，亦即自利，或者说是有条件的利他，并且当它占上风时，群体才能够维持稳定。一个和谐的群体或社会必然是自利者的天下。就此而言，自利才是美德，由此导出的自由主义者的底线就是：在不侵犯他人利益的前提下，争取自身利益的最大化。因此，当有人标榜自己“一心为公”或倡导公众要“大公无私”时，大众必须警惕其背后的自私意图。还需强调的是，上述类型在群体中的多寡取决于特定条件。真正的洁身自好（或作恶多端）者仅是少数，大多数的个体都是“见风使舵”的机会主义者，当自私者可以一再得逞时，就会滋生越多的自私者，直至群体走向不稳定而崩溃。因此，就建立和谐社会而言，外在约束，也就是一种特定的环境，远比内在良知更重要。

尽管对道金斯来说，“自私”在某种意义上仅是一种比喻性的说法，并非意味着基因的本性就是恶。但问题在于，若人性只不过是对基因本性的反映；人与人之间，仅依赖相互算计的策略而维系；这样的人生，想想都让人不寒而栗。难怪读者在读完《自私的基因》后，会如此绝望甚至厌恶人生。想必道金斯也不愿正视如此冷酷的人生，因而他在最后添加了一个振奋人心的结尾：“在这个世界上，只有我们，我们人类，能够反抗自私的复制基因的暴政。”但相对于整部书的论证力度，光是这一表态，似乎不足以令人信服：人类，凭借何种功德或能力，能够克服基因强加于我们的自私本性？为此，道金斯发明了“觅母”一词，来描述人类特有的文化现象，以此与我们体内的基因相抗衡。并且道金斯还寄希望于“我们的自觉的预见能力——我们在想象中模拟未来的能力，能够防止我们纵容盲目的复制基因而干出那些最坏的、过分的自私行为。”在道金斯看来，“我们至少已经具备了精神上的力量去照顾我们的长期自私利益而不仅仅是短期自私利益。”

这种在想象中模拟未来的能力其实也就是人类的理性能力，一种出自于理性算计后的行为才是我们日常所说的策略。人类向来珍爱自己的理性，视其为一种无与伦比的才能，一种足以傲视群雄的资本，可见道金斯也不例外。用马克思的话来说，最高明的蜜蜂和最蹩脚的工程师之间的区别在于，后者在建筑之前已有了一幅设计图纸。显然我们习惯于把理性凌驾于本能之上，轻视本能，只因本能是盲目的、无意识行为的结果，其实动物行为学家所谓的策略就是本能。但事实上，在漫长的进化史上，理性的出现近在咫尺，其时间之短几乎可以忽略。相形之下，经自然选择筛选而沉淀的本能反倒更为可靠。有一种重要的本能，那就是情感。在《自私的基因》中，道金斯只字不提情感的作用。然而依达尔文所见，我们万分珍视的道德，恰恰来源于情感。道德的可贵，乃在于它的非算计性，因此道德与情感本为同根生，有着天然的渊源。与此同时，人生的全部意义仅在于：为情所累。用达尔文的话来说，“爱得越深，折磨也就越深，但没有爱的生活，好比是一片沙漠。”尽管有爱就有痛，但我们宁可承受这爱恨交加的人生。我们天然地深信，生活中的快乐和爱要远远超出痛苦和恨，理由正如达尔文所说，否则生命怎么可能延续下来呢？

于是，关于情感与道德的关系，构成笔者下一篇文章的主题。

基因检测：一种新的占卜术？

《林肯的DNA：以及遗传学上的其他冒险》，菲利普·R·赖利著，钟扬等译，上海科技教育出版社。

刚刚看完一个电视专题片，才得知蒋经国的两个儿子分别因鼻咽癌和食管癌而死去，留下了悲痛欲绝的老母蒋方良和各自的妻子。在为人物命运感到震惊和悲叹的同时，还给我留下了一个大大的问号：这一悲剧是否基因作的孽？这一问号久久挥之不去，那是因为手头刚刚放下《林肯的DNA：以及遗传学上的其他冒险》一书。本书的作者曾是哥伦比亚大学法学院的毕业生，在取得律师资格之后，又进入耶鲁大学医学院，花了

7年时间终于成为一名内科住院医师，他的志向就是要把法律与其他专业结合起来，而选择遗传学作为切入点，正是作者的明智之举。鉴于遗传学正在日益走近寻常百姓家，由此惹出的官司可谓精彩纷呈，在这些官司中，作者常常以专家的身份出现，充当其中的证人，这样新鲜出炉的内容读后自然令人大开眼界。

基因决定了我们的种种特征，如肤色、身高等，基因甚至还决定了我们将会患上何种疾病，比如，囊性纤维化症，大约每2500个白种孩子中就有一个天生患有该病，其他种族则较少见。这种病症主要折磨肺部，患者大多在20岁之前夭折，从而给父母带来无穷的悲伤。遗传学家现已探明，这是一种常染色体隐性疾病，这就意味着患者的父母必定均是该致病基因的携带者。由发病率可以推算，在白种人中，这一基因的携带率为1/25。鉴于患者事实上很难再有生育能力，一个值得关注的问题就是，该基因为何在白种人群中如此常见？一种有影响力的假说是，该基因的隐性携带者具有更高的生育能力，由此足以弥补其带来的恶果（1/2500的发病率）。这就是无情的进化过程对生命的嘲弄，正应了老子在两千多年前说过的一句话：天地不仁，以万物为刍狗。由于它在欧美人群中有如此之高的发病率，西方的科学家当然要上下求索，直至答案水落石出，原来该基因位于7号染色体上的某个位点，其主要功能就是跨细胞膜转运氯离子。正是由于突变基因在这一功能上的失误，人命关天的大错就此铸成。

就在囊性纤维化基因被定位几周之后，一场争论随之兴起：是否要对人群做大规模的检测，提醒那些双方均为携带者的夫妇，告之他们必须做产前诊断，以便确定胎儿的情况？对此存在两种看法：一种认为，患者的知情权无论如何都不能被剥夺，是否保留胎儿的权利应该归于父母；另一种则认为，当这种检测成为常规以后，父母就会进行选择性的流产，然而不少西方人却对人工流产持道德上的谴责态度，并且还有人担心这种做法会使优生学的阴魂卷土重来。再举个极端的例子，比如那个坐在轮椅上的天体物理学家霍金，假如当初他的父母因为产前诊断而得知儿子将患上的疾病，且选择了流产，那么这对未出生的霍金来说，是否公平？

一种更为棘手的情况是，有时，一种突变基因只是决定了我们患上该病的概率。比如，乳腺癌或卵巢癌基因。带有乳腺癌突变基因的妇女，她们在生命早期患此病的风险是一般妇女的15~20倍。当一名妇女得知自己带有突变基因时，她究竟是选择趁未雨稠缪之前进行手术切除，还是侥幸等待？毕竟过早地失去乳房或卵巢，对一名健康妇女来说，是一项过于残酷的决定。还有一种典型的病例是老年性痴呆症，即阿尔茨海默病，美国前总统里根即受此病折磨。遗传学研究已经发现了该病的相关基因，但问题在于，该突变基因只是决定了我们患病的风险，亦即患病概率要超出平均水平，且发病年龄相对较早。那么，人们是否一定要预知自己的未来？作者举了一个生动的例子。一位37岁的职业网球选手，其父亲死于亨廷顿病（一种无药可治的大脑神经系统病变），他以为自己也带有该致病基因，于是，结扎了输精管，整天寻欢作乐，负债累累，朝不顾夕。直至无意间坠入爱河之后，他才做了基因检测，结果居然是他不是携带者。于是，生活不得不重新来过，从修复输精管开始。此例也许会令我们感到基因检测的必要性，因为正是它重新唤回一个人认真生活的勇气，任何的思想工作都达不到如此的效果。但问题的另一面却是，假如他当真是携带者呢？他岂不只有一条道走到黑？更深地来思考这一问题，有朝一日，当基因检测成为常规测试，人群中各种致病基因的携带者，是否会整日忧心忡忡，或者过上一种今朝有酒今朝醉的生活？毕竟医学不可能是万能的，尤其在一定的条件之下。这也许会是人类面临的一种无奈处境。行笔至此，不由想起了希腊神话中普罗米修斯的智慧，他说，我将盲目的希望放在人们的心上，使他们不再预料着死亡。正是这一盲目的希望，其意义决不亚于普罗米修斯带给人类的火种，这是希望的火种。是的，唯有人才知道自己终有一死，但人生之路却因其不可预测而充满了生机和希望，这就是生活的理由。然而，当遗传学致力于去破解这种不可预测性时，那么，希望是否会成为绝望？

写到这里，还想顺便补充，如今所谓的婚前检查，若是不作双方的基因检测，就谈不上对新生儿遗传性疾病的发病率有控制作用，即便有此检测，也只能对后代的发病率进行概率意义上的评估。真正的遗传检测，只能是对胎儿的产前诊断。可见婚前检查与新生儿遗传性疾病的发病率并无实质性关联，只要略知遗传学知识就能明白这一点。

让现代社会感到更为棘手的一个问题是，基因不仅控制躯体特征，它还能控制我们的心理特征，比如行为及其性格。其实，生活中的有些现象早就在提示我们，行为有着相当强的遗传性，比如，狗的祖先是凶悍不羁的狼，人们对狗的驯化过程其实就是将狼群中善于与人亲近的个体挑选出来，它们对人有那么一种奴性，这当然就是一种行为特征，可见行为具有遗传性。但人类的行为难道能与动物的行为类比？鉴于人类是一种文化的产物，因而我们向来认为人的行为及其性格，更多是后天环境培养、教育的结果，所以才有子不教父之过的说法，还有孟母三择其邻的故事。然而，遗传学却正在步步紧逼，它的不少发现似乎都在证明，人类行为与其先天遗传结构大有关系。比如，某些男子身上多了一条Y染色体，他们似乎表现出更强的暴力倾向。若这一相关性被完全认可，这是否意味着我们的法律制度需要对这样的人网开一面，因为他们就像精神病人一样无法控制自己的行为？书中描述了此类的官司。人对快乐和忧伤的体验也与先天的基因构造有关吗？确实，行为遗传学家也正在探寻这个问题的答案，而且他们中的一部人已相信这种相关性，证据是同卵双生子对情绪的体验有着更高的相似性。生活经验早就提示我们，一个人未必因中了巨奖而终日兴奋过头；因脊髓受损而瘫痪的人也未必就会时刻沉溺于悲伤之中。可见对生活的满意度更多是来自内心的某种体验。一个更为敏感的现象是对同性恋的研究。遗传学家发现，家族中的同性恋现象更多与母系的亲戚有相关性，这是一个重要的线索，它提示同性恋也许与X染色体有关。科学家对此进行了更详尽的研究，尽管直接的证据尚未取得，但某些线索正在引起人们的关注。若同性恋确是一种先天的性格倾向，那么，由此而引起的种种社会、伦理争议似乎就不再有正当性。

然而，这样的口子一旦被打开，就会引发更多的争议。人对自己的行为究竟是否还有自由控制的能力？传统的道德、法律的制订正是以此为先决条件的。若遗传学不断揭示人事实上缺乏这种控制能力，那么，道德、法律将首先面临危机。就此而言，我更看重一位生物学家古尔德的观点，他认为，对于如同性恋这样的行为，社会最好将其看作是一个成年人的自由选择，而无须以先天的基因来为其进行辩护。

在本文收尾之际，我还想特别强调本书作者的一个观点：请记住，遗传学提供的仅仅是概率！基因检测更多是像如今的长期天气预报，而非古老占卜术的复活。这就意味着，未来依然是开放、不可测的，风险和机遇并存，人生的精彩更多取决于我们选择的活法而非我们体内与生俱来的基因。

对人性的检讨：是凌驾还是回归自然？

《生命的多样性》，爱德华·欧·威尔逊著，王芷等译，刘堤地校译，湖南科学技术出版社。

美国的环境伦理学倡导者利奥波德曾如此说道："对我们这些少数人而言，能有机会看到大雁要比看电视更为重要，能有机会看到一朵白头翁花就如同自由地谈话一样，是一种不可剥夺的权利。"诗人肯定会被这种情怀所打动，但对大多数人来说，我们对大雁的叫声早已陌生，而电视却成为生活中最亲密的伴侣；同样，我们恐怕早已忘却曾有多久没有见到乡间自由开放的野花，难道它的重要性能同我们喋喋不休的谈话相提并论？可见这样的环境伦理观透着一种风花雪月式的浪漫，因而难以引起大众的共鸣。近读美国博物学家威尔逊的《生命的多样性》一书，倒是让我们换个角度来看这一问题。威尔逊以研究蚂蚁起家，进而关注物种多样性问题。在书中，威尔逊首先论证，一个健康有序的生态系统离不开物种多样性的存在；接着，他以大量的事例表明，这种多样性在人类追求短期利益的驱动下，正在频频告急；最后，他大声疾呼，生物多样性是我们最宝贵但又最不被人认知的财富。兹举几例：遥远的安第斯山谷里，一种稀有甲虫会分泌一种治疗胰腺癌的物质；马达加斯加的粉红长春花，可用于治疗一种白血病；合成阿司匹林的原料之一——水杨酸——来自一种蚊子草等。为何某些生物体内含有这些神奇的物质？难道那是上帝为眷顾人类利益而特制？非也。这乃是因为每种现存的生命体均是历经上亿年自然选择过程的产物，这些神奇的化学物质，原本只是它们用来生存的本领。比如，水蛭是一种吸血的蠕虫，为了顺利吸取受害者体内的血液，它的唾液中含有一种抗凝剂，在医学上人们提取这种抗凝剂用于治疗血栓等血凝所造成的疾病。可见人类只是碰巧用上了它们，这乃是大自然赐予人类的一份额外幸运。重要的是，一旦这些物种丢失，自然界可就没有充裕的备份了，因为每个物种都只不过是生存舞台上的幸运儿而已。除了药用价值，在大多数的时候，物种对于人类来说，更具食用价值。在威尔逊看来，人类食谱之狭窄，与其说是选择的结果，不如说是一种巧合。这是因为新石器时代的农业主要起源于某些特定的地区，如亚洲热带稻谷带等，自那以后，鲜有物种被大规模地驯化。但从生命多样性的角度来看，肯定会有数以万计未被利用的物种具有潜在的优势。比如，一种新几内亚翅豆，其叶子、豆荚、嫩籽、块茎，均可食用，且味道鲜美，营养丰富，生长期短，作为豆类作物，它还无须施肥。看来未来的人类真是有福了。

威尔逊在书中举了不少这样的例子，用以强调物种多样性与人类的利益密切相关。我相信，哪怕是不具诗情的读者，也会被这样的说理所打动，现在利奥波德所提及的大雁和白头翁花有了另一层意义：它们不仅是诗人回归自然的感情寄托，更是物种多样性存在的象征。

读到这里，读者想必能够明白，威尔逊应该持有一种人类中心论的环境伦理观。不过，这种伦理观有时也会面临尴尬，因为我们也完全可以生活在一个人造的系统中：药品可以人工合成；食物可以从人工培育品种中获取；大气和气候可以通过核能来调节；甚至地球也能被改造，改造成一个真正的太空飞船。对此，威尔逊的回答是：我们之所以为人，而不是机器人，那是因为我们不仅有理性，还有情感。情感是对远古生活环境的反映，比如，我们本能地厌恶蛇；我们通常有一种高处不胜寒的恐惧；当然，我们还有亲近自然的渴望、冲动，这就是人工环境不可取的原因。不过在我看来，作为一个出色的博物学家，威尔逊对人性的洞察还是略逊一筹。有时人类回归自然的情感绝对敌不过追求短期利益的冲动。我家所在的小区就在校园旁边，窗前树木繁茂，于是，夏夜不免有蚊子干扰，还有晾晒衣物之不便。一邻居如此说到，最好把这些树都砍了，铺上水泥。当然，这种无知的论调肯定为大多数人所不齿，如今近水近树楼盘的价格一路飙升，就是明证。但是，这种心态在另外的场合却顽强地得到了体现。人工降雨的目的据说是为了缓解高温。不说花巨资以图一时凉快是否过于奢侈，更重要的是，此举正有沦为游戏、作秀的可能。此话绝非危言耸听。彼时午后的一场自然暴雨来得措手不及，降雨飞机起飞后无功而返，专家和有关部门痛惜错失了人工降雨的最佳时机，因随着8月台风季节的来临，人工降雨更不具可行性了。但令人不解的是，雨终究会落下来，为何一定要实施人工降雨？此举背后的心态或许正是，人所掌控的技术可以玩自然于股掌之中！它的愚蠢不亚于人类随意毁弃物种！

这同样是一种人性，但却是一种可怕的人性！有鉴于此，在这炎热的盛夏，我愿意有更多的读者来接触威尔逊的书中所体现出来的另一种人性。借此我们的头脑至少可以冷静下来，意识到人只不过是自然界的一个物种，我们的根基仍然离不开大地，我们与我们周围的物种及环境共存亡。如果我们凭借手中的技术有恃无恐，只愿依赖一个人工环境而非回归真正自然，那么，这场游戏的结局不说也罢。

形形色色的性别战争

《性别战争》，奥利维雅・贾德森著，杜然译，山西人民出版社。

食和性，人之大欲。不过在我们的生活中，两者的待遇却相当不同。美食可以公开谈论且聚众享受；但性交却是隐秘的床笫之欢，只能两个人偷着乐。造成这种差别的原因，或许也可以写成一本书，此处不论。当然对于除人类之外的其他生物，则不存在这种忌讳。刚读完《性别战争》这样一本书，作者是一位进化论生物学家，书中大谈特谈的就是形形色色的“性”，读后不仅令人大开眼界，而且还令人深思。说到底，人类源于动物界，在动物界盛行的各种性现象，其实在人类生活中都能找到其表现，只不过它们都被披上了文化的外衣而已。

社会生物学家曾经有这样的定论：雄性放荡，雌性忠贞，据说这源于雌雄两性不同的生殖策略。因为制造精子的成本要低于卵子，因此雄性就采取“广种薄收”的策略；而雌性则必须“待价而沽”，因为她的高投资必须有所回报。但本书作者却认为这是一种错觉，事实上，雌性也放荡，这种放荡的证据就存在于雄性的生殖行为当中。比如，雄篱雀在交配之前，会猛啄配偶的阴部，目的是让她排出其他雄性留在其体内的精液。雄性的此类手段可谓花样繁多，比如在许多啮齿类动物中，雄性拥有一个巨大的腺体，在交配之后，会分泌形成一种坚固有弹性的塞子，置入对方生殖道的深处，目的正在于防止其他竞争对手再度染指。谁说只有人类社会才会发明贞操带这样的玩意儿，动物早就运用得炉火纯青了。但雌性动物同样有对策，比如雌性狐松猴在交配之后会立刻拔出、有时甚至吃掉塞子，把它当作一顿美餐。这或许是一场永无止境的较量，雌雄双方百般施计，目的只有一个，尽可能多为自己争取交配机会以便留下更多的后代，可见放荡不是雄性的特权。一个可资佐证的现象就是，雌性越是放荡，雄性制造的精子数目越多，为了使卵子受精，不同雄性之间的精子必须互相竞争。其情形犹如买彩票，买得越多，中奖机会当然也就越大。就此而言，精子并不廉价。想想人类自身吧，男性每次交配排出的精子数甚至上亿，只是为了争夺那唯一的卵子。这样说来，每一个人的诞生都相当于赢得一次幸运的大奖。

总之，雌雄皆放荡，只为后代数。如此说来，动物界是否还存在一夫一妻制现象呢？在生物学家看来，仅当有着忠诚关系的成员比那些朝三暮四的成员产生更多后代的时候，一夫一妻制才是稳定的。但在大多数情况下，一夫一妻制却并不符合两性利益，既然生物的本性就在于尽可能多地繁殖自己的后代，雌雄双方当然都会抓住机会多多交配，性快感正是对这种交配的奖赏。但在某些情况中，生物不得不采用一夫一妻制模式。最常见的情形则是，嗷嗷待哺的子女离不开父母双方的悉心照顾。以犀鸟为例，在繁殖期开始的时候，雌鸟爬进鸟洞后把洞口封住，只留下一个小缺口，以便伸出它的鸟喙。这时的雌鸟一心一意在洞里下蛋、孵蛋，而雄鸟就要尽心尽责地为她及其雏鸟提供食物。犀鸟中的一种，花冠皱盔犀鸟，雌鸟甚至会在鸟巢中待上137天之久，在她开始产卵之后不久，她的飞羽就会全部脱落，如果雄鸟在这个时候不辞而别，所有的雏鸟和雌鸟就会活活饿死。鸟类的夫妻生活之所以给我们留下许多美好的联想，比如在天愿做比翼鸟，就因为先天软弱的雏鸟难以存活，通常需要父母双方的通力合作才能顺利抚养。但事实上，鸟类夫妻的不忠程度远远超出我们的想象，劳燕分飞恐怕更是常态。

生物学家发现，施行一夫一妻制模式的物种，其雌雄个体在体形上大致相当；而在雄性拥有众多雌性的情况下，雄性的体形则要比雌性大得多。还有就是睾丸的大小。睾丸用于产生精子。当雄性面临激烈的精子竞赛时，无论是雌性性喜乱交，还是雄性本身风流成性，其睾丸相对于身材而言则更大；反之，无论雌性更为忠贞，还是雄性更善于制止红杏出墙事件，其睾丸则更小。以此来看人类，结论自在其中。就体形而言，男性与女性有差异，但这种差异不算离谱；就男性的睾丸而言，其大小与身材之比亦属于中等程度。可见人类不是严格的一夫一妻制模式，但与我们的近亲黑猩猩相比，人类男女的滥交程度则要轻微得多，这正是人类能够过上一夫一妻制生活的先天条件。就世界历史而言，严格的一夫一妻制恰是基督教的发明。或许这种制度与人类的本性稍有冲突，由此而来的后果就是婚外情和离婚现象的存在。但一种制度能够延续至今且广为传播，正如古希腊时代的民主制能够成为当代文明社会的共识那样，足可见其具有强大的生命力。

本书列举了诸多事例来说明两性之间错综复杂的关系，读来饶有趣味。其间还涉及对同性恋、强奸、乱伦等现象的讨论，要知道生物界不仅同样存在这些现象，而且比人类社会表现得更为丰富多彩。

最后再来讨论一个问题。我们知道，生物的行为出自本能，那么生物又是如何得到这种本能的呢？以上述犀鸟为例，当雌性在鸟巢内下蛋孵蛋之际，雄性在外辛勤奔波觅食，难道它果真知道，若自己一走了之，雏鸟及其雌鸟将活活饿死？它当然不可能知道，它这样做，只是缘于其体内基因的调控。而这种基因就是自然选择的结果。在物种漫长的演化史上，那些一走了之的雄性，其配偶及其子女果真就活活饿死了，当然这种雄性的基因也就随之灭绝了。而能够留存下来的个体，必然具有一个尽责的父亲。达尔文理论的精彩就在于此。

植物引诱了我们？

《植物的欲望》，迈克尔·波伦著，王毅译，上海人民出版社。

植物也有欲望并借此引诱了我们？信不信由你，眼下我正在读的一本书就名为《植物的欲望》。在我看来，这是一本不可多得的点评植物与人类文化的绝妙好书。作者列举了4种植物作为展开对象，它们是苹果、郁金香、大麻和土豆，正好分属水果、花卉、药品和食粮。

苹果的祖先据说生长于哈萨克斯坦地区。野生的苹果个头、颜色各异，但有一个共同特性：味道奇酸。我们知道，所有两性生殖的后代都存在着变异，但在苹果身上这种特性却发挥到了极致，以致用种子繁育的苹果其后代总是存在着相当大的差异，故直至中国人发明嫁接技术(一种无性繁殖方式)，苹果的驯化才有可能。苹果的辉煌时代起步于美国。欧洲移民在他们远渡重洋的方舟上带上了苹果种子。苹果受到新教徒的青睐，一个原因就是葡萄酒曾败坏了天主教的风气，《圣经·旧约》警告要防止葡萄的诱惑。但《圣经》对于苹果却没说过任何坏话，新教徒可以放心地痛饮苹果酒而没有任何心理负担。苹果获得了神学上的豁免权。然而，19、20世纪之交在美国发起的禁酒运动竟使苹果也难逃厄运。美国人不得不开始吃苹果而不是喝苹果。多亏苹果的遗传多样性，一种糖分更多的苹果被筛选出来。不过今天的苹果依旧保留了那么一点野生习性：甜中带酸的苹果味道更好。写到这里，我不由得想起了新教改革家路德的一首小诗：即使世界明天就要毁灭，我今天依然要种上一棵苹果树。苹果是生命和希望的象征。

郁金香是美的象征，但却不幸成为商品社会中投机行为的牺牲品。1635年，在荷兰，某种郁金香的鳞茎其价钱竟然高达1800荷兰盾！抛开其商业炒作这一面不说，一个素以节俭吝啬而著称的民族为何在这种美丽的诱惑面前失去了起码的理智？这也许与基督教的禁欲主义有关。伊甸园没有花，因为美会使人乱性。当郁金香首次抵达欧洲时，人们为它裹上了一层功利目的。德国人把郁金香的鳞茎煮熟，加上糖，还装模作样地说味道好极了。英国人则加上油和醋来烹调它。药剂师把它作为一种治疗肠胃气胀的药物。但郁金香就是郁金香，除了美它什么也没有。不过它的花品却独树一帜。郁金香不具有芬芳扑鼻的香味，它的花瓣朝内卷，使其生殖器官含而不露。正是这种“冷美人”的气质投合了荷兰人的心意。他们爱美，但又不愿让美撩拨了心弦。可见无论受到何种文化环境的塑造，人们爱美的天性总是难以泯灭。不过有一个例外，据说花从不出现在非洲人的日常习俗中。对此有两种解释。一说花作为一种奢侈品，贫穷的非洲人消费不起；另一说为非洲的植物区系中没有提供很多种花，至少是没有很多观赏品种的花。我倒宁可相信后面一说。因为据进化心理学的解释，人们之所以普遍为花美而陶醉，乃在于开花是对日后果实的一种可靠预告。可见爱美本是一种生物学意义上的习性，只是人类的文化才使对美的欣赏发挥到了淋漓尽致。

大麻因一种神奇的特性而使人类为之神魂颠倒，那就是它的药用，尤其是致幻价值。现已证实，大麻中含有一种化合物：四氢大麻酚。这种物质对大麻自身有保护作用。但不可思议的却是，它同样存在于人的大脑中，其作用是开启某个神经网络，致使人类的意识发生变形，更直接地说，就是导致快感的产生。生活时时伴有痛苦，大脑适度产生的快感本是造化赋予生命的珍贵礼物。快感的本质是什么？说来简单，那就是遗忘。遗忘使我们进入一个全新的世界，由熟悉而致的麻木，由记忆而生的痛苦，全都烟消云散，我们的感觉格外地敏锐了，对食物、音乐、性等习常之物的品味因此而获得全新的体验。生活中，我们总是看重记忆的价值，殊不知，遗忘才是快乐之源。在此意义上，好了伤疤忘了疼倒是一种福分，一个饱经沧桑的人无幸福可言。在致幻剂的作用下，时间消失了，我们只求瞬间拥有，责任、道德自然也就不存在。文明不允许这种失控的存在。故人类的文化总是要压抑这种欲望，并为此设立各种禁忌。大麻的命运是象征性的，它的双重功能——实用与致幻，致使人类对它爱恨交加。其实这也正是人性的两重性的反映，可惜我们常常忘记这一点。

至于土豆，这种原产于美洲的不起眼的地下块茎，它朴实无华，决不主动挑逗人类的欲望，却与人类的生存息息相关。自从16世纪末被引入欧洲之后，它首先成为爱尔兰人的主食。19世纪中叶的一场马铃薯枯萎病，使100万爱尔兰人丧生。正因为土豆满足了人类的基本生存需要，故人类对它的控制欲望就表现得最为强烈。如今基因工程技术已被引入土豆品种的改良之中并获得专利。种植天然种子的时代已经过去。农业已被纳入工业文明的体系之中。

行文至尾，还需回答植物是否有欲望的问题。在本书作者看来，如果人类正在为驯化了植物而沾沾自喜的话，那么反过来，植物也通过引诱、挑逗人类的欲望从而成功地实现了它们的使命：使自身的基因得到最大限度的复制和传递。只是它们不会诉说这一切罢了。究竟是我们改变了植物，还是植物改变了你和我？这是一个难以说清的问题。

从情绪、感受到意识

《笛卡尔的错误》，安东尼奥·R·达马西奥著，毛彩凤译，教育科学出版社。《感受发生的一切》，安东尼奥·R·达马西奥著，杨韶刚译，教育科学出版社。《寻找斯宾诺莎》，安东尼奥·R·达马西奥著，孙延军译，教育科学出版社。

理性和情感，都是耳熟能详的名词，但哲学史上对两者的待遇，却大相径庭。通常理性被视为是人之高贵品性的标志，而情感却常常跑出来捣乱，于是只有依靠足够的理性，我们才不致陷于情感的泥潭之中。但休谟却有所不同，他赋予情感以更重要的地位，在《人性论》中他如此说道：理性是，也应该是情感的奴隶。最先置情感于科学研究对象之列的恐怕就是达尔文了，《人类和动物的表情》一书就是这方面的开山之作。达尔文正确地指出，情感乃是与生俱来的本能，并且总是通过面容或躯体动作而表达，但囿于当时条件所限，达尔文不可能深入至情感背后的神经生理学机制。好在这方面的工作如今已见更多报道，教育科学出版社推出美国神经科学与心理学专家达马西奥的三部著作，它们分别是《笛卡尔的错误》、《感受发生的一切》和《寻找斯宾诺莎》，内容全都与情感有关，读后令人大开眼界。

从《笛卡尔的错误》说起，该书的副标题是“情绪、推理和人脑”。它开头就讲述了一个具体事例。19世纪的美国有一个建筑工人叫盖奇，因为一场工程事故而导致大脑受伤，劫后余生的他奇迹般地康复了，但随后发生的一系列现象却令人困惑。盖奇再也不是原先那个样了，尽管他在行为等方面看上去与常人无异，人格却发生了巨大的变化，他脾气无常，脏话连篇，难以与人相处，做事全无章程，最后被老板解雇，悲惨地死去。无独有偶，作者还亲自接诊了这样一个类似病人，他叫埃利奥特，原本有一份体面的工作和一个美满的家庭。但他患上了严重的头痛，同时家人发现他变得越来越缺乏责任感，经查他患上了脑瘤。手术本身很成功，切除了肿瘤以及被肿瘤损坏的额叶组织。但接踵而来的不幸却是，与盖奇一样，尽管他的所有能力都看似正常，却丧失了某些重要的品质，不再有自主的选择能力，不再能与人正常相处，在经历了一连串的离婚和失业后，只能靠救济金勉强生存。还有一个细节值得一提，埃利奥特可以用超然的态度叙述自己的生活悲剧，超然得与事件的严重性极不相符。

利用现代的核磁共振扫描发现，埃利奥特的前额叶皮层的腹内侧受到严重损伤，由此导致的结果就是，他丧失了情绪，始终用一种不变的基调来对待生活。当面对一些呈现灾难事故的图片时，他能明白其中的内容，但与患病前不同的是，对此他再也没有任何情感反应，或者说，他知道但没有感受到。顺着这一线索再往下推，答案渐渐浮现。这类病人的一个共同特点就是，基本注意力、记忆、智力和语言都完好无损，但决策能力和情绪都严重缺乏，而且他们没法对自身的社会角色形成一个正确的定位。造成这一麻烦的根源或许在于，病人极度冷静的推理能力（或情绪的丧失）使他无法为不同的选择赋予不同的价值，于是，面对各种经推理后得到的选项，他只能处于举棋不定的状态，恰如那头布里丹的驴子，面对两堆同等距离的干草，因为无法选择而只能活活饿死。可见选择的背后必须要有情绪体验，即想象某个选择将会带来的积极或消极体验，从而做出选择，也就是心动才能行动。

至于病人无法对自己的社会角色进行正确定位，其背后的机制依然在于某种情绪的缺失，因而无法体验诸如羞愧、尴尬、内疚等社会性情感，但正是这些情感令我们的举止合乎礼仪，符合社会习俗，富有责任感，并且表现出善解人意的品德。当这些情感缺失之后，病人的表现可想而知，这恰恰就是盖奇或埃利奥特在事故或患病之后的生活写照。可见所谓的道德能力、决策能力或完整的人格，离不开前额叶皮层腹内侧的正常运作。

在《感受发生的一切》中，达马西奥讨论的是“意识产生中的身体和情绪”。说起意识，它似乎向来是哲学领域的一个专有名词，但在达马西奥的书中，它却成了神经生理学研究的对象。什么是意识？意识是“有机体对自身的自我和周围环境的一种觉知”（P4）。一个重要也是富有启示性的事实是，意识和情绪是不可分的，其间存在这种的关系：首先，有机体拥有一种情绪状态，其次它能感受到这种情绪状态，最后则是意识到这种感受状态。快乐得忘乎所以或悲伤得不能自拔，就是一种情绪状态；但有时我们感受到自己处于焦虑或兴奋之中，却并不一定意识到，想想心不在焉时的状态就能理解；仅当处于一种被意识到的感受状态时，才有意识的出现。

在此，达马西奥对情感和感受作了细致的区分。情感或情绪的英语是emotion，意即一种向外的运动，因此情感一定伴随着外部表现，喜上眉梢、愁眉紧锁、怒发冲冠、大惊失色、手舞足蹈，都是对情感的一种生动表述，从进化论的角度来看，情感的这一特性必定反映出某种功能。与情感的公开性不同，感受（feeling）完全是私人化的，仅发生在心理层面，如人饮水，冷暖自知，恐怕就是对感受的一种恰当描述。因而意识，作为对感受的感受，当然也具有私密性、不可交流性。不由得想起古希腊哲人赫拉克里特的名言：每个人在醒来时都面对一个共同的世界，每个人在睡梦中却都只有一个仅属于自己的世界。后者就是意识的世界，它难以与人共享，在此意义上，每一个人就是一个小宇宙。

就情感而言，人本质上就是孤独的。然而，借助于移情能力，人又总在寻寻觅觅期盼着某种程度的交流或共鸣，正如里尔克的诗所说，我是孤独的，但还不够孤独，因为遇见了你。获诺贝尔和平奖的史怀泽在《敬畏生命》中曾如此说道：我们犹如在夜色中匆匆行走的路人，彼此都难以见到对方的真面目，偶尔借助一道闪电，得以窥见对方的心灵，但仅是瞬间，过后依然在黑暗中各自赶路。史怀泽用诗一般的语言描述了人类心灵的处境，道出的恰恰是意识的本质特点：内在性和私密性。对隐私的尊重也许正由此而来吧。

意识又可进一步细分为几个层次。处于最底层的是核心意识，它给有机体提供关于此时此地的自我感。它并不指向未来，关于过去，也只限于此前的瞬间所发生的事情，因此它只是一种简单的生物学现象，只涉及一个单一的组织层次；基于核心意识之上的则是扩展意识，它涉及多个层次和等级，从而为有机体提供了一种复杂的自我感，它能体察过去，洞见未来，并敏锐地认识到其中的世界，时间范围甚至可以扩展到许多小时乃至许多年。顺便提及，核心意识更多体现为基因组的先天安排；而扩展意识则更多受到后天文化影响。人类的荣耀即在于拥有这种复杂的扩展意识。

进一步说来，核心意识对应的是核心自我，这是一种转瞬即逝的自我，处于不停塑造的过程之中；而我们通常所指的“自我”，总是伴随着稳定的人格，具有同一性，用达马西奥的话来说，这就是“自传式自我”，它依赖于对情境的系统化记忆，随着生活经验的积累而有所增补或更新，它以内隐记忆的形式存在于大脑的网络当中，需要时这些内隐记忆随时都可以成为外显内容，从而构成心理表象。显然自传式自我与扩展意识密切相关。

说到“我”的定义，实在颇费思量。佛家对此早就有所质疑。“我”应该是一个稳定的实体，否则人生只能是支离破碎的梦境。但自从儿童学会说出“我”这一词汇起，在人漫长的一生中，“我”岂不时时处于匆匆流逝的过程之中，那看似稳定的实体又该从何处去寻觅？然而，达马西奥对于核心自我和自传式自我的区分，似乎为此提供了一把钥匙。处于流变中的是核心自我，但正是丰富的记忆塑造了一个自传式自我，它是人格同一性的根源，也是不变的自我的支撑。就此而言，一个仅具备核心自我的个体，就是活在当下的典范；而一个正常的个体必然会追求天长地久，而不只求当下拥有。人对未来的筹划其实出于过去的经验，也就是记忆的累积。因此，正是在自传式自我中，我们在拥有过去的基础上，同时也具备了对未来的期盼。如此说来，时间之谜，或许正隐藏在自传式自我当中？

现在要问，意识对有机体有什么用？如果说，情绪帮助我们在瞬息万变的环境中迅速做出反应，比如，因恐惧而避开危险，因快乐而取食，因愤怒而争斗等，那么意识就不仅是对情绪的感受，而且还是对这种感受的感受，则帮助有机体做出更为细致的调节。“意识允许人认识到这些感受，因此也促进了情绪内在的影响，使情绪可以通过感受这种中介渗透到思想过程中。”（P46）最后，意识还可以使任何对象，不仅是外在客体，而且还有内在情绪，被人所认识，从而提高个体做出适应性反应的能力。当然，意识还有一个至关重要的附带功能：引领人类走向文明之途，其中不仅包括良心、审美情趣的出现，还有宗教的创立，或广而言之，对于终极信仰的追问。

在进化过程中，不变的是情绪，变化的是感受或意识，因而构成人与动物本质区分的正是意识。“我们很可能是由于意识而被驱逐出伊甸园的。”（P239）值得强调的是，达马西奥对于意识的阐述，都有神经生理学的实证知识作为基础，并且书中还列举大量具体案例，从这些病人身上足以窥见意识在大脑相应部位的功能定位。但正如作者所言，“在考虑了意识是怎样在我们称为脑的这个3磅重的肉体中产生出来的之后，我们会更加敬畏生命和尊重人类，而不是相反。”（P22）

最后来看《寻找斯宾诺莎》，再次审视我们那“快乐、悲伤和感受着的脑”。在该书中，作者重点要讨论的是感受，“感受是一种发生在身体和心理上的人类兴旺或苦难的表达。”（P3）没有感受，整个生活就会崩溃，因为正是感受随时在调整生命体的平衡状态。但正如作者所述，这样一本书，为什么在题目中要放入斯宾诺莎的名字？

确实，作者在整本书中不时会提到斯宾诺莎的生平事迹及其主要观点。这位17世纪哲学家的主要观点就是，“每一个自在的事物莫不努力保持其存在”。情绪之所以有用，就是因为它有利于生命体维持自身的存在。书中举了不少这方面的实例。比如，一个大脑杏仁核部位受损的病人，看上去行为得体，似乎无异常表现。但进一步的追寻发现，该病人积极开朗，主动与人结交，但总是轻信别人，从不表现恐慌、焦虑、担心这样的负面情绪。可以想象，若是自然环境与社会环境都如天堂般美好，那么，自然选择一定会青睐杏仁核功能有所欠缺的个体。但现实情况并非如此，因此恐惧就是一种有用的情绪。

说到感受，它不仅来自情绪，而且来自一系列体内平衡的反应，就此而言，“感受的本质内容是一种特定身体状态的映射。”（P55）难怪常识告诉我们，当我们感觉到自身某个器官的存在时，往往表明该器官有问题了。此外感受还涉及对于特定心理状态的映射，或者说，我们还拥有对自身思维方式的表象。当身体处于平稳运转状态时，我们的感受就是积极快乐的；反之，感受则是消极痛苦的。通过趋乐避苦，感受有助于生命体维持自身的存在。当然还存在这种例外，通过药物或吸毒而引起的快乐，是一种假象或扭曲，最终却是损害生命体本身；失去疼痛感的个体因无畏而无知，同样难以生存。

因为感受，我们有了快乐和悲伤。悲伤令我们痛苦，但我们无法想象没有悲伤的快乐；但若是没有快乐，我们就只是生存，而没有生活。正如作者最后所做的总结，人类尽管在快乐与痛苦之间左右为难，但我们仍不失希望。再引斯宾诺莎的一段话作为本文结尾：“希望不是别的，仅不过是一种为将来或过去的事物的意象所引起的不稳定的愉快，而对于这一事物的结果，我们还在怀疑中。”

两性生殖：一种无奈的妥协

《动物性趣》，奥利维亚·贾德森著，杜然译，中国财政经济出版社。

谈性色变的时代早已过去，如今可谓是性趣泛滥且蔓延至生物界。一本《动物性趣》，作者面对生殖隐私，用的全是拟人化的语言，乍一看，好像面对的是一本性爱大全。好在取材全是非人生物，纯正的科普读物，成人儿童均相宜。

众所周知，生命体有两大基本本能：求食和求偶。求食是为了个体生存，求偶是为了种族繁衍。如今人类中的丁克家庭已不罕见，不由得令人对这两种本能的次序产生了错觉，似乎个体的享乐比留下后代更重要。但生物学家对此的结论却是毋庸置疑：生儿育女绝对比延年益寿更紧迫。套用一句专业术语，那就是基因的自私性，躯体只是基因的载体而已。基因的本性就是尽可能多地复制自身，哪怕为此使基因的载体付出折寿的代价。对果蝇的研究已证明了这一点。遗传学家发现，早产多育的果蝇往往短寿，反之则长寿，而自然选择青睐的恰恰是前者！可见为性痴狂是生物的本能。人在某种程度上又何尝不是如此，“牡丹花下死，做鬼也风流”。一语中的。

现在就让我们接近这一话题。社会生物学家曾有一个正统观点：花心的雄性更常见，忠贞的雌性更多见。理由基于这一事实：精子廉价量多；卵子贵重量少。故雄性的策略就是广种薄收；雌性的策略则是待价而沽。这一理论看来颇让男人们动心，因为他们的拈花惹草有了生物学借口。而某种女权主义派别也赞赏这样的理论，因为女性就此拥有天然的道德优越感。但本书披露的材料却表明，这是一个彻头彻尾的谎言！它来自于一位遗传学家贝特曼于1948年在《遗传》上发表的一篇论文，该文声称，对于果蝇的实验观察表明，雄蝇的交配伴侣越多，子女就越多；雌蝇则不然。故雄蝇热衷于交配，雌蝇则是选择性地接纳。这一结论之所以错误，有两个原因：一是纯属巧合，该实验对象黄果蝇的性生活本来就较为矜持；二是实验时间太短，现在已弄清，如果观察时间超过一个星期的话，就会发现，保守的雌蝇，其后代数目将远远及不上那些放荡的雌蝇。这就是说，雌蝇的交配机会越多，它产出的后代数量也更多。这一点已在不少物种中得到证实。如此说来，雌性的水性杨花也有生物学的根据。雌雄在这点上打了个平手。

进一步的研究还发现，雄性大量制造精子并不是由于廉价。鹪鹩，一种比拳头还要小的鸟儿，一次射出的精液中至少包含80亿个精子，与之相比，人类才含有1.8亿个精子，真是小巫见大巫了。果真是精子太廉价了以至于要以如此硕大的数量去对付一只小小的卵子？非也！理由之一正在于雌性的放荡乱交。为此，雄性必须相互竞争，产生精子数量最多的雄性才有可能使那宝贵的卵子受精。长期的激烈竞争，使雄性练就了大量制造精子的能力。从中我们还可明白，人类女性，相比于鹪鹩，要贞节得多，雄性的精子数量提示了这一点。另一理由在于雌性生殖界面对精子的不够友好。以人类为例。女性阴道的酸性环境对于精子是致命的，以至于90%的精子出师未成身先卒。幸存者还需穿越子宫颈，一个附满了黏液的障碍物，这一关又让其中的90%精子败下阵来。后面还有陷阱等着，那就是女性体内的白血球，躯体的忠诚卫士，严阵以待准备消除一切外来者，包括精子。这一路的披荆斩棘，最终的幸运者才得以接近目标。难怪男性的不孕者如此之多。生育本是双方的事，为何雌性要设下重重关卡阻止精子的进入？对此，有两种解释：

一种是这种关卡确保了最优秀者的脱颖而出；另一种是这种关卡可使雌性增加抗感染能力，毕竟精子是外来者。在我看来，这两种解释都说得通，也许正是它们的合力迫使雄性不得不大量制造精子来对付雌性设下的重重关卡。而精子廉价这一理由看来就不够充分了。

说到这里，自然就会引出一个问题：两性生殖是如此费力，那为何不采取如细菌那样的无性生殖方式？因为从功能上来看，性和生殖并不必然相联。这就涉及性的起源问题。一般认为，两性共同制造的后代会带来多样性，在一个危机四伏的环境中，多样性是生命体对付种种不测风险的法宝。一个简单例子就可说明这一点。在储蓄时，你是选择一种币种还是多种币种？答案不言而喻，多种币种更可靠，尤其当金融局势不够稳定时。这就是性与生殖相关的最大回报。但不同于储蓄，性带来了一个麻烦：两性共同投资一项事业，基于基因的自私性，双方都想占对方的便宜，于是，利益冲突在所难免。本书提供的对同性恋的解释，似乎就是对此的一个极好注解。令生物学家伤透脑筋的是，同性恋不会带来生育，这就违背了自私基因的本性，那它为何在动物中得以存在？但若是从两性各自的不同利益出发，这一困惑似乎有望得到说明。假设有一个基因，在雄性体内引发同性恋倾向，而在雌性体内则导致非同寻常的生殖能力。这个基因对雌性有利，于是，雌性就会不遗余力地传播它，哪怕它致使雄性不育。这就是说，若存在同性恋基因，它必定由母亲携带，儿子正是从母亲处得到该基因，当然，女儿是受益者。对此，遗传学研究正在设法给出证据。

由此可见，两性仅仅是为了生育才不得不达成无奈的妥协。就制造后代而言，它们有着共同的利益；但在成本的付出及投资的收益上，则存在着严重的利益冲突，尔虞我诈的例子作者在书中信手拈来。还需指出的是，根据当代进化论的观点，自然选择的作用对象是单个的基因或个体，这就决定了同一性别的个体从来不会联合起来去对付另一性别，每一个体都孤军奋战，力争在生存的舞台上多留下自己的后代，这正应了一位美女作家说过的一句话：面对男人，女人之间从来都不会是朋友，只能是情敌。

这是一个毫无浪漫温情可言的世界。合上本书，我不由得暗自庆幸，幸而我们生而为人。

自利与利他：在交换中共存

《利他主义倾向：行为科学、进化理论与互惠的起源》，亚历山大·J·菲尔德著，赵培等译，秦海、高世楫校，长春出版社。《第二天性：人类进化的经济起源》，哈伊姆·奥菲克著，张敦敏译，中国社会科学出版社。

希腊圣哲亚里士多德曾如此定义人：人是城邦（即社会性的）动物。所言极是。据人类学家报道，原始部落无所谓监狱，对于罪犯的惩处即是逐出部落。一个脱离了同伴的、赤手空拳的个人，在自然界是难以觅得立足之地的，故这样的惩罚不可谓不重。这就提醒我们，人的力量在于我们结成了社会，而一个和谐社会的维系又离不开人们相互之间的守望相助及其个人对团体的忠诚。毫无疑问，任何一个社会都会将此种品德视作美德来加以鼓励和张扬，这就是人的利他主义倾向，它似乎被天然地视为是社会得以维系的根本。不过，18世纪的哲学家开始从另一个方面来解读此现象。在英国自由主义经济学理论的鼻祖亚当·斯密看来，人的自利之心是一个基本的事实，不容回避。但若是如此，互助的社会何以可能？他一言道出真谛：我们的餐桌上之所以有面包可吃，不是出自于面包师的恩惠，而是出自于他对私利的追求。市场经济不就奠定在这种对个人利益的追求和满足的基础之上？亚当·斯密称之为“看不见的手”，正是它操纵了市场的运转。如此说来，社会所必需的利他行为（道德）其实正源于自利的动机，道德现象就这样转化成了经济学问题，难怪亚当·斯密当初的头衔是道德学教授，经济学的鼻祖则是后人给他的荣誉。于是，看似矛盾的利他行为和自利本性就这样得到了统一。

由亚当·斯密所开创的这一研究思路至今仍在延续之中，期间又有另一学科加盟，那就是遗传学。由亚当·斯密的后人、生物学家道金斯所概述的“自私的基因”学说如今广为流传。根据此理论，生物体的一切表现均受基因操纵，而基因的本性就是尽可能多地复制自身，生命体的自私行为就这样在基因层面得到了解读。于是，舐犊之情理所当然，因为父母的基因必须通过子代才能延续下去，故亲情其实是自爱的另一种表现形式。但是，这又如何来解释基于非直系血缘的利他行为？对此，遗传学家汉密尔顿提出了“亲选择”一说。根据此说，在一个小型的群体中，人们相互之间不免沾亲带故，当一位烈士勇于舍己救大伙时，也许他体内的基因就通过他的亲属延续下去了，算一算这还是值得的。然而，在一个更大的、来自五湖四海的群体中，这种利他行为又如何可能呢？

这就轮到博弈论的出场了。《利他主义倾向：行为科学、进化理论与互惠的起源》一书对此有较多的论述。根据博弈论，当两个自私的人首次相遇，他们的理性策略就是，不惜损害对方利益为自己谋利，结果也许就是两败俱伤。合作的形成必须建立在双方多次较量的基础上。这时，根据对方的表现记录，自私的个体更易被淘汰出局，而倾向于采取合作策略从而导致双赢结局的个体才能在这场对弈中玩得更长久。由此得到的启示意味深长：诚信必有回报，但它只能建立在双方长期合作的基础之上，并且还要有某种约束机制的存在，这就是违规的个体必被淘汰出局。在一锤子买卖盛行或是违规个体极易逍遥法外的情况下，诚信的建立谈何容易！不幸的是，这恰恰是我们当下面临的处境。

然而，博弈论其实回避了一个问题，那就是合作必以双方的自私开始，那又是谁敢于先伸出橄榄枝呢？换句话说，博弈论可以解释道德的维系机制，但却无法回答道德的起源问题。其实斯密对此问题是有所涉猎的，在他看来，交换是人的天性，人类社会得以合作的基础就在于分工和交换现象的存在。对此，《第二天性：人类进化的经济起源》一书有着详尽、精湛的评述。何以见得交换是人的天性？请看达尔文在航海期间遇到的一则轶事：火地岛上的原住民与白人水手相遇，他们缠着白人做交易，结果原住民从白人处得到的是花花绿绿的碎布、用剩的铅笔头等；而白人从原住民那儿得到的却是各种美味的海鲜。有趣的是，双方都自以为在这场交易中占了对方天大的便宜。可见交换源于互通有无，互通有无的实质则在于人类社会广泛存在的分工现象，而分工又与人类的取食方式密切相关。人类的肠胃构造接近食肉动物，这就意味着它不能消化过多的植物纤维；但人类又来源于食草动物的祖先，过多的动物脂肪会给我们的心血管系统添乱。解决的途径就是，在体外通过烹饪、机械加工等方式使植物食品解毒并变得易于消化。对食物复杂的加工方式以及对荤素食品的搭配需要，导致人类社会出现分工的需要，民歌中所唱“你耕田来我织布”就是对男女分工的生动写照。而人群中广泛存在的个体多样性又为分工奠定了必要的基础。

究其实质，交换就是一种互惠利他行为。难怪斯密紧紧抓住“分工”与“交换”现象来讨论市场秩序得以起源的原因。正是在交换中，人的自利之心与利他行为相互依存、同时满足。就此而言，化剑为犁的明智策略也许就是让敌对的双方成为生意伙伴，比如，让以色列人和巴基斯坦人有更多生意上的往来，或许才是走向和平的捷径。

在古尔德的生花妙笔之下

《自达尔文以来》，《熊猫的拇指：自然界沉思录》，斯蒂芬·杰·古尔德著，田洺译，海南出版社。

古尔德的作品，属于不多的那类躺着读、坐着读皆宜的书籍。最近海南出版社再次推出古尔德作品系列《自达尔文以来》和《熊猫的拇指》，尽管好几年之前我已读过这两部作品，但这次拿到新书，依然读得津津有味。在古尔德的那支生花妙笔之下，许多生物学事实不仅趣味盎然，而且引人深思。

说起来，至少在受过教育的人群中，达尔文进化论可谓耳熟能详。生物从低级到高级、从简单到复杂的进化过程也许就是不少人（甚至专家）理解的进化论。例如，《文汇报》（2008.11.1）“科技文摘”栏目为纪念进化论诞生150周年，以整版篇幅刊发《人性兽性虫性》（宋健）一文，其中作者对进化论的概括就是“世上物种是从简单到复杂、从低级到高级演化而成”。然而，古尔德在《自达尔文以来》中，通过梳理“进化”一词的由来，指出达尔文本人绝不轻易使用后来带有“进步”含义的“进化”一词。这是因为在达尔文的心目中，自然选择仅导致生物对环境的更好适应，但决不导致从简单到复杂、从低级到高级的所谓进步现象。正因如此，一旦环境发生剧变，就会有生物的灭绝现象。

以南美有袋类的灭绝为例。据教科书的标准说法，有袋类（如负鼠）是一种低等哺乳动物，因为它们还没有进化出胎盘，胎儿与母体没有密切联系，因而得不到母体的保护。事实上，自从北美的胎盘类动物侵入之后，有袋类确实很快消失了，这岂不正是高级动物战胜低级动物的一个绝佳例子？然而，在《熊猫的拇指》中，古尔德却有力地反驳了这一说法。就适应性状本身来看，有袋类的生殖是另外一种适应模式。胎儿与母体关系松懈，好处就是母亲无须为胎儿投入过多时间与精力，它可以通过多多生育的方式来使其后代的份额达到最大化，这恰是自然选择所要达到的效果。这就是说，有袋类的灭绝另有其因。在地质史上，北美的胎盘类曾经历过两次短时期的集群灭绝，取而代之的是更具适应能力的新类群，但南美的有袋类则没有经历过这样严酷的生存考验，于是，面临强大对手的侵入，它们毫无招架之能力。古尔德甚至这样设想，若情况刚好反过来，北美恰是有袋类而南美则是胎盘类，那么双方遭遇的结果很有可能就是，北美的有袋类大胜。当然这样的假设永远都无法验证，不过古尔德却是借此强调，生物体的结构不存在优劣、高下之分。

古尔德说，5岁时父亲带他去参观博物馆里陈列的霸王龙，在它硕大无比的骨头面前，人是如此之渺小，他当即宣布，长大后要做一名古生物学家。于是，在古尔德的笔下，恐龙的故事格外生动。恐龙没有灭绝，它们有一支后裔生存至今，那就是鸟类。然而，娇小会飞的鸟类怎么能够与硕大冷血的恐龙相联系？其间有许多细节在此难以展开。但有一个论据值得一提。鸟类的原始祖先是一种小型热血恐龙。由于小型动物有着更高的表面积/体积比，这就意味着在同样体积之下，较大的体表更容易散发热量，于是小型动物就面临着如何隔热的问题。这就是小型恐龙中羽毛的起源。注意，最初出现的羽毛主要是用于隔热，飞翔则是后来捎带使用的功能，当然作为一种适应性状，在鸟类中，羽毛的飞翔功能大大得到了强化。

在进化论者的阵营中，古尔德的立场与威尔逊、道金斯等人有所不同。随着威尔逊《社会生物学》（初版1975年，中译本由北京理工大学出版社出版）一书的问世，一个尖锐的问题不容回避：在生物界起作用的自然法则是否适合于人类自身？由于自然选择的作用对象是个体（或道金斯所说的基因）而非群体，这就决定了“自私”是生物界的通行法则。古尔德在书中详细论述了其间的道理。但若是如此，又如何解释生物界普遍存在的互助利他行为，如母牛护犊、首先发现敌情的鸟儿通过报警来保护群体、却使自身处于危险之中等？社会生物学给出的答案是，亲选择和互惠利他主义足可解释这些现象。比如，虎毒不食子，乃是由于幼崽含有母体的一半基因，因此保护幼崽就是保护自己的基因在下代的流通，这就是亲选择原理，由此便可解释互有血缘关系的个体表现出来的互助行为。至于血缘关系较远的个体表现出来的互助行为，则可用互惠利他原理来解释。对于寿命较长且具相当智力水平的个体来说，尤其适用。对此，古尔德并无异议，正如他在书所说，“生命的和谐并不深奥，自然的平衡是由于竞争对手之间的相互作用”。但分歧在于，这些原理是否适合于人类自身。威尔逊的《社会生物学》之所以引起激烈争议，乃在于他辟出最后一章专门讨论这些原理在人类社会的引申。对此，古尔德持强烈反对态度。

古尔德在书中举例：爱斯基摩人假如面临食物危机而不得不迁移时，年迈的祖亲们自愿留在后面（等死）。对此现象，可用亲选择理论加以解释，祖亲们自愿留下，是因为他们体内有这类基因，即为了后代而甘愿牺牲自己，具有这类基因的个体将会留下更多后代，于是，这就成为一种适应性状；反之，不具这类基因的个体其后代则更容易被淘汰。这就是自然选择的作用机制。但在古尔德看来，还有另一种更简单并且与遗传无关的解释：根本不存在这种利他基因；牺牲行为是一种文化现象，通过口耳相传的方式保留并深深烙刻在人们的行为之中；孩子们从小就熟记这些事例并知道这种行为是一种荣誉。重要的是，这两种解释现在都缺乏足够的过硬证据。于是，“两种观点至少同样合理”。用古尔德的话来说，社会需要互助行为，“但是无需通过基因将利他行为编码到我们的意识中，通过学习同样可以具备利他行为。”这样，古尔德就在人与动物之间依然划出了一条界限。如果说，在当初强大的神学传统之下，达尔文需要强调人与动物的相似性，那么今天面对另外一种势力，也许我们更需要强调人与动物的相异性。

古尔德与威尔逊的争论，谁对谁错，其实并不特别重要。重要的是，在这场争论中，双方都摆出了富有启发意义的事实和看法，这才是科学散发出的独特魅力。

解读基因：让人欢喜还是让人忧？

《DNA和命运》，格兰特·斯蒂恩著，李恭楚 吴希美译，上海科学技术出版社。

有一个古老的寓言意味深长：据说最早的人类原本有一条尾巴，分成10节，当其中的9节均已变黄时，则表明这个人已快走近黄泉路了。这分明是一条残酷的尾巴。后来上帝发了善心，将这条尾巴收走了。从此人类才对自己的最终命运毫无察觉。然而，一个颇具意味的事实却是，现代遗传学在某种程度上也许正在使这条尾巴重现。随着人类基因组工程的不断深入，决定我们健康、性格、智力乃至行为的基因正被逐个揭秘，正如DNA双螺旋结构的发现者沃森所说："我们过去认为我们的命运是由我们的星相决定的，现在我们知道，在很大程度上，我们的命运是决定于我们的基因。"埋伏于我们体内的、早在受精的一瞬间就已被决定的基因，犹如那根残酷的尾巴，不动声色地向我们昭示着未来不可避免的命运。解读基因，是让人欢喜还是让人忧？幸好，最近读到的《DNA和命运》一书为我们提供了许多这方面的背景资料。

贯穿全书的一个观点是，决定我们命运的不仅仅是基因，还有环境。用哲学家的话来说，基因提供的仅是一种可能性，而可能性的实现还有待环境的共同参与。比如，我们的体内也许存在对3,4-苯并芘敏感的基因，正是这种基因使我们易患肺癌，但这种基因并不必然地决定我们会患肺癌，因为3,4-苯并芘的刺激也是一种重要的诱因。当然，并不是在所有的疾病中基因与环境因素都平分秋色，比如肿瘤的遗传率就与发病年龄有关，发病年龄越早的肿瘤其遗传比重就越是大，反之则相反。

不过本书的重点在于讨论人类天性与遗传的关系。如果说，我们的身高、肤色等生理特征在很大程度上受到基因的调控，对此，也许不会有很多人跳出来进行反驳，但如果有人斗胆说，人的性格、智力乃至犯罪倾向也都与遗传有关，恐怕就会引起舆论的喧哗了。套用印度电影《流浪者》中的一句台词：难道法官的儿子注定是法官，而小偷的儿子只能是小偷？

如果是这样，我们所有改良社会的努力岂不是枉费心机？这显然是一个敏感问题。暂且撇开道德上的质疑不说，我们先来看这一问题：行为可以遗传吗？对此，本书提到了一个遗传学家所做的果蝇行为研究。早期的果蝇遗传学实验大多限于对体质特征的研究，如眼睛的颜色或翅膀的形状。然而，后来的研究表明，雄性不育基因突变能导致雄性果蝇之间的相互交配行为。这种行为的强烈程度不亚于雌雄果蝇之间的交配，当然这是注定没有结果的行为。可见行为，正如同体质特征一样，也是受基因控制的，但问题在于，人类的行为在多大程度上受到基因的控制？这显然是一个极其复杂的问题。作者没有贸然给出答案，但他提醒读者，首先，一个性状的表达往往要受到多个基因的控制，就以身高为例，它至少与6个基因相关，比如，对生长激素的敏感性、高效利用养分的生理学优势、骨骼与肌肉的相互协调等；其次还有环境因素的参与，如后天的营养与运动等状况；最后，人类的行为远远要比身高这样的性状复杂得多，其间涉及的基因、环境等因素恐怕难以一一精确定位，因为它们之间还有一个相互作用的反馈机制。当然，本书还是详述了许多最新的实验研究成果，这些数据似乎表明，人类的天性与遗传因素密切相关。比如，人类智力的平均遗传率为60%，这就是说，还有40%是来自于环境的塑造。此外，人格特征、各种精神性疾病（如孤独症、抑郁症）也与遗传因素相关。当然，它们的最终实现依然离不开环境的共同参与。所以，我们不必悲观失望，社会改良家们还是大有可为的。

作者在书中反复强调人的天性(或命运)受基因与环境的双重控制，所以，我们不是我们体内的基因的奴隶。这无疑有助于消除我们对基因的迷信或恐惧；另一方面，强调人的天性与基因有关，人不是生来就是白板一块，可被环境任意塑造，这无疑也有助于我们正确地评价自身，从而只做力所能及的事情。不过在我看来，一个更重要的事实必须被提及，这就是说，人类天性中的许多要素（如各种人格特征）其实无所谓好坏，一种强迫型人格也许容易使人“执迷不悟”，但同时岂不是也有助于他执着地去追求成功？只有当我们赋予许多天性以价值色彩之后，才会有一种强烈的冲动，要努力去改变、影响这些天性，历史上不少悲剧就是这样诞生的。本书专门辟有一章讲述优生学的历史，其中提到了遗传学家是如何抱有改良人种的愿望但最终却被无耻政客所利用的黑暗一页，不乏警示意义。

无可回避的是，作者还提到了同性恋的遗传机制，似乎有实验表明，男性同性恋倾向在一定程度上与X染色体上的基因有关。有鉴于此，作者似乎要为同性恋者作出辩护，这就是说，他们的行为不是道德上的堕落，而是生物学上的必然。不过情况也许是，某些性状既与道德、也与生物学必然无关，只要这种行为不损害他人的利益，我们最好是尊重这种行为，因为它是出自于一个成年人的自由选择，比如同性恋。也许它与基因有关，也许它与基因无关，但它存在的合理性却无须得到生物学意义上的辩护。这才是自由的人的象征。

无论我们是欢喜还是忧，人类的尾巴也许终有一天会现出原形。但如果我们能“未雨绸缪”，即对此有足够的心理准备，以平常之心去看待我们天性中的种种要素，善待它，珍重它，那么，人类依旧将是自由而快乐的。

因为疼痛而幸福

《疼痛：无人想要的礼物》，保罗·布兰德，菲利浦·扬西著，肖立辉译，东方出版社。

首先得申明，这个标题与当下时髦的“虐恋”风马牛不相干，本文涉及的是另一个话题。由于艾滋病毒正在全球肆虐，一种曾经令人闻之色变的古老的疾病——麻风病，似乎已淡出人们的记忆之中。麻风病之所以惹人憎恨，是因为病情的后果格外可怕。据说，麻风病会毁坏人的容貌，使人丑陋不堪；会使人失去四肢，导致残疾；还会使人失明，最终悲惨地死去。但正是在读了《疼痛：无人想要的礼物》之后，我才对麻风病有了一个正确的认识。麻风病尽管会传染，但绝大多数人都有天然的免疫力，得病率仅5%。麻风杆菌喜在人体表面的低温处滋生，所以它最早侵袭的往往是脸部的鼻子、眼角等处，致使鼻子烂掉，鼻腔暴露在外；接着，它会感染人体的四肢，使这里的皮肤、肌肉发生病变且腐烂，最终竟能看到病人白森森的骨头，其状惨不忍睹。麻风病人为何会有这些症状？原因能让你大吃一惊，那仅是因为病人丧失了痛感所致！

本书的主人公保罗·布兰德是一位英国医生。他的父母均是在印度的传教士，父亲最后因罹患传染病而死在印度。他的童年在印度度过，后来，他在印度行医27年，主要就是对付这种可怕的疾病——麻风病。经过艰苦曲折的摸索，他终于发现，麻风杆菌对于人体的危害主要是使得神经功能受阻，从而导致病人丧失痛感。于是，种种症状接踵而来。对疼痛的研究使布兰德发现，疼痛以两种方式保护着我们。一种是突然而剧烈的疼痛，当手被开水所烫或脚不小心踩上一枚图钉(本人就有过这样的经历)时，剧烈的疼痛使我们猛地缩回手或脚，以免受到进一步的伤害。但麻风病人全无这样的机制，所以，他们的手被反复烫伤，却浑然不知；他们的脚踩在碎石、荆棘上，仍疾步如飞。最终，病人不得不失去了他们的四肢。不同于这种突然而剧烈的疼痛，还有一种疼痛则是缓慢积累式的，以至正常人从未感受到它们的存在，这就是当反复对同一地方施加压力时所造成的不适乃至疼痛。当我们长途步行时，其实我们是在不停地变换步伐，以避免双足在同一地方受到过多的压力。布兰德记下了这样的有趣事例：在豪华正式的社交场合，贵妇人们穿着尖尖的高跟鞋，亭亭玉立，但在2个小时后的宴会上，他向桌下望去，发现她们大多脱下了高跟鞋，敞开天足。这就是疼痛的第二种警告方式，它迫使我们扔掉矜持，服从于身体的需要。然而，麻风病人在长途步行时却从不变换步伐，当脚上起泡甚至发生皮肤溃疡发炎时，他们仍不跛行，其代价当然可想而知。

丧失了“十指连心”这一活生生的感受之后，麻风病人不仅丧失了对自己身体的自卫能力，而且更重要的是，他们在某种程度上还丧失了自我。他们会不再将手足看作是自己身体中血肉相连的一部分，而是看作为一种异己的对象，一种可资利用的工具。他们让麻木的手继续充当劳动工具，任凭其腐烂，因为这已不是“我的手”。在麻风病人中还常常流传着这样可怕的事例，一觉醒来，病人发现自己已没有了手指或脚趾，这一切竟发生在一夜间，令人不敢想象，这怎么可能？后来，经过通宵的观察后才发现，原来是老鼠在试探病人没有动静后吃掉了他的手指或脚趾。整个过程令人不寒而栗。因为病人没有疼痛，因而对灾难毫无防卫能力。

在与这么一种奇怪的病症多年打交道之后，布兰德深深地体会到疼痛的重要和可贵。他反复告诫人们，疼痛是上帝赋予的一份礼物，去看看麻风病人吧，我们就知道失去疼痛是一种怎样的滋味了。疼痛是我们最忠诚的朋友，它随时在提醒我们如何去避免伤害。疼痛不同于其他知觉，它从不敢懈怠，只要根源未除，它就会耐心地、不知疲倦地向我们申诉。学会倾听感受我们的疼痛吧，那是来自体内最古老朴实的语言，它在让我们感受生命沉重的同时，还让我们知道怎样去珍惜爱怜生命。

人生活于大地上，但人心却比天高；人体无时无刻不受到疼痛的关照，但人却狂妄得要驱除所有的病痛。留心一下我们周围的药物广告就能明白这一事实。就在疼痛如“过街老鼠人人喊打”时，布兰德医生却反其道而行之，大声呼吁我们需要疼痛，但有多少人愿意倾听呢？何况麻风病人已越来越少。于是，他的研究事业眼看就要面临断米之炊，然而，另一种富贵病最终也走向与麻风病人同样的绝境，丧失痛觉以至造成残疾，这就是糖尿病。糖尿病的起因与麻风病截然不同，这是一种因激素失调而引起的代谢障碍，但最终它也损害了神经功能，所以，它与麻风病殊途同归。不少糖尿病人被迫截肢，但却没有将脚部的溃疡感染与自己的病症联系起来。布兰德医生看到了这种联系，这是基于他对麻风病人的细致观察。于是，正如在麻风病人中推行的措施一样，他要求糖尿病人学会在丧失痛觉的情况下如何保护自己的肢体，果然糖尿病人的截肢率降低了一半。

哲学家爱说，快乐和痛苦相伴而生。没有一种快乐不是在相伴着巨大的痛苦之后而产生。我们对一直拥有的东西不会觉得珍贵，但一旦失去后再重新拥有，那份快乐无与伦比。这是一条朴实的真理，它向我们昭示，单向度的快乐是生命中不可承受之轻。但现代文明中的人类却迷恋于这种生命中不可承受之轻，对单向度的快乐乐此不疲。本来，肉体的快乐来自于本能的需要，它不会过量。我们饥肠辘辘，所以有食之快感；我们要繁衍后代，所以有性之渴望。但惟有在人类中，对快乐的追求却与本能真正的需要相脱节。我们过份追求食之美味，才有现代种种“富贵病”的流行；我们过份追求性之快感，才有性与生殖的分离，其后果无须在此多言。天主教至今仍反对堕胎，这已被公认为是一种保守的教义，但撇开这一点不谈，我却读出了另一种含义，那就是当人类将本能的需要堕落为纯粹对快乐的追求后，痛并幸福着将从此绝迹!

丧失身体的痛感，就相当于丧失了身体的自卫能力。那么，丧失心灵的痛感呢？布兰德是一位医生，他没有谈及这一话题，但读完全书，却不由得令人思考这一问题。正是一颗敏感细腻的心灵，才使我们拥有对周围世界的丰富感触，我们为爱而欣喜若狂，为恨而锥心痛骨，为世界上发生的苦难而有十指连心般的剧痛，海明威说，丧钟为谁而鸣，丧钟为我们每一个人而鸣。当心灵因麻木而冷漠时，我们不再心痛，但我们也失去了品尝幸福的能力。

更严重的问题是，当社会失去疼痛之后，情况将会如何？事实上，社会需要听到这样的“危言耸听”：我们对技术的狂热追求是否会误入歧途？我们对消费的不可抑制的冲动是否冷静正当？我们对人类的未来是否无动于衷？当社会中能听到这样的质疑时，那么，这还是一个正常的社会，它有能力自卫。但社会若是麻木到已听不见（或听不得）这样的逆耳忠言，这时，莫非它也有麻风病之嫌？这样的事让人想想也不敢，想想也不忍。

疼痛是一种最私人的感受，它无法分担但能引起共鸣。布兰德医生还告诉我们，与痛苦中的病人及其家属站在一起，本身就是一种最好的治疗形式。这不仅针对医生而言(令人遗憾的是，如今的医生已越来越漠视这种治疗形式)，其实也针对我们每一个人而言。能感知疼痛且能与疼痛共鸣，是人类一种最高贵的天性。最后仍想强调的是，没有疼痛所提供的防护，我们将不能轻松地享受生活。

贰

科学·哲学·宗教

科学到底是什么？哲学家总是在思索。

获得诺贝尔奖的费曼总是爱闹，爱折腾，他说：

“研究物理不是为了荣誉，也不是为了获奖，而是因为好玩，是为了发现的快乐。”

科学研究的最大动力恰恰来自于一种破译自然奥秘的好奇心，

一种想要探悉谜底的不竭冲动，这跟费曼的说法异曲同工。

也许有人会说，从事游戏怎能与崇高的追求真理相提并论？

其实，崇高就在游戏之中，崇高和理性也能和上帝相容。

借用《圣经》的一个表达式：该给科学的给科学，该给宗教的给宗教。

科学与技术关系的另一种解读

《世界史上的科学技术》，詹姆斯·E·麦克莱伦第三，哈罗德·多恩著，王鸣阳译，上海科学教育出版社。

现代人的生活节奏如此之快之乱，以至于要静下心来读一本稍嫌厚重的书籍似乎已成奢侈，难怪学者江晓原在《科学故事的另一种讲法》中，针对科学史的写作，发出如此点评："通史型的科学史著作，往往沉重、沉闷或冗长"。我刚巧读完一本典型的通史型著作《世界史上的科学技术》，连书名都是如此正规刻板，想来只能让读者望而生厌。翻开目录得知，本书竟从"猿"制造工具开始讲起，只因那是技术的最早开端。书中还有大量篇幅涉及非西方民族的科学技术，让我备感亲切的是，关于中国就讲了不少。如此恢宏的全景式透视，能始终将普通读者的视线锁定？但作者确实做到了。

作者紧紧扣住一个基本观点来展开，这就是技术与科学在绝大多数的情况下都是分离的，科学非但没有指导技术，相反，科学对技术的反应常常还是滞后的。在近代科学诞生之前，这一观点极易验证，这时，无论是在东方还是西方，精湛的技术发明，都是能工巧匠的杰作，与科学毫不沾边。问题是在近代科学诞生之后，科学似乎理所当然就成为技术的先导，要不科学的重要性从何体现？但本书以蒸汽机为例，说明它的每一个技术环节都是从实践中摸索出来的。比如，原始蒸汽机因为要把一个大汽缸交替加热和冷却，故耗煤量惊人，瓦特的改进只是他在一次散步时茅塞顿开地想到，如果把蒸汽压至汽缸外面的另一个容器中去冷却，那么，就不需要让同一个汽缸忽冷忽热，自然节煤十分可观。如瓦特这样在工业革命中扮演关键角色的能工巧匠大多没有接受过正规的大学教育，自然对科学理论一无所知。第一台蒸汽机诞生于1712年，100多年后，法国物理学家卡诺发表《论火的原动力》(1824年)，才首次对蒸汽机的工作原理作出了科学分析。科学的滞后可见一斑。

有时，科学的有意指导不仅生硬，甚至可笑。19世纪初，伦敦市政府决定在泰晤士河上再修建一座桥梁，考虑的方案是一种新型的单跨铸铁桥，由于这是一项崭新的工艺，故当局决定咨询“在这件事上最富有理论和实践智慧的人们。”最富有理论智慧的入选者是一位皇家天文学家和一位牛津大学的几何学教授。他们提供的答案几乎沦落为历史上的笑柄。天文学家建议，“大桥应该漆成白色，由此可以尽量少受到太阳光线的影响。”几何学家则把大桥的长度计算到1英寸的百万分之十，而把桥的重量计算至1英两的千分之几。不过也有明眼人如剑桥大学数学家米尔内意识到，理论家“也许看起来有学问，能够根据想象出来的假说进行冗长而复杂的计算，而且符号和数学也可能绝对正确，精确到了最小的小数，但是，大桥仍然不安全。”一语中的！像造桥这样复杂的结构设计，在当时离不开技师们的直觉和经验。直至半个世纪后，才有《应用力学手册》之类的工程科学著作问世，为解决这类问题提供指导。

科学与技术的密切关系始于19世纪后期，其中无线电通信的崛起就直接得益于对于电磁理论的应用，此外还有爱迪生发起的电照明工业。不过这里还可区分出两种情况，一种是技术对尖端科学的依赖，另一种则是对过时理论的应用。无线电通信技术就属于前一种情况，发明者马可尼还为此获得1909年诺贝尔物理学奖。而爱迪生发明灯泡则是后一种情况。另一个极端例子是1938年，一位美国发明家卡尔森利用早已有的光学和照相化学知识，推出第一台静电复印机，但很长的岁月中，他的产品却一直无法取代传统的复写碳纸，最后是他的营销策略救了这项产品：他不是卖而是租复印机，市场才接纳了它。可见产品的最终问世与科学，更不用说尖端科学，毫无关系。

若真是如此，作者岂不是在贬低科学？绝非如此。作者同时想强调的另一个观点是，科学，就其本性来说，从来就是与实用脱钩的。希腊的自然哲学就是如此。这种非实用性追求在近代以前的东方文明中从未系统地存在过。想当初，利玛窦带给中国的就不是哥白尼开创的日心说，而是改进后的托勒密地心说，对此，我们未免耿耿于怀。但不得不承认，这套东西可能更合中国人的口味，因为它更实用可信。然而，正是希腊民族中特有的这种不计功利的追求铸就了科学的辉煌。牛顿力学的成功最初不是体现在造桥、造机器等具体事务中，而是体现在哈雷彗星的如期回归、预测中的海王星的发现等事物上。它们也许和人类的直接生存无多大关系，但却最大限度地满足了人类的智力探索愿望。当然不容否认的是，原子弹的爆炸、神舟五号上天正是这种智力探索的直接或间接产物。

曾闻一位老总如此说道，刚来的大学生居然连传真机都不会使用，真不知在大学干些什么。相信读完本书后至少不会认同这种指责，因为科学远不是现成的技术。那么，大学是否还有必要传授科学？这就涉及对大学理念的辩护，本文无意深入展开。但最后想强调的是，强调技术在某种意义上的独立性，其实也就是在为科学“减负”，让科学减去实用的重负，它才能轻装前进。

科学精神就是一种游戏精神

《科学的旅程》，雷·斯潘根贝格，黛安娜·莫泽著，郭奕玲、陈蓉霞、沈慧君译，陈蓉霞校，北京大学出版社。

学术界对于何谓科学精神向来众说纷纭。较被认可的传统说法似乎是，科学精神是一种实事求是的态度；科学精神体现为对真理的追求。当然，实事求是和追求真理都是好词，然而，又有哪一门学问不需要实事求是的态度；更不用说，追求真理是人类至高的境界，哪里仅是科学才有的标签？对此思索良久，我的观点是，科学精神是一种游戏精神。让我欣慰的是，《科学的旅程》这部巨著恰恰印证了我的这一观点。作为该书的译者之一，当初之所以欣然接下这部篇幅不菲的译作任务，缘由就在于粗翻之下，书里许多精彩的情节吸引了我，忍不住有一种一睹为快的冲动，当最后再做全篇通读时，这些不凡的人物和生动的事迹依然令我心动，以至于不觉枯燥。细细想来，令我心动的正是这些科学大师身上体现出的那种纯真的游戏精神。

伽利略的大名我们都知道，不过他还有一位朋友桑克托留斯，也曾在帕多瓦大学学医并从事医学研究。也许是受伽利略定量实验方法的影响，他试图通过实验来认识人体四种体液的精确平衡，当然体液理论是古代医学的遗产。为此，他决定测量进入以及离开自己身体的每一件东西。于是，在30年的大部分时间里，他都坐在自己特殊设计的“称量椅”上，他注意到排出的东西要比摄入的东西少些，就提出了一个理论，叫做“感觉不到的排汗”，认为这就解释了他所观察到的现象。当然，他的理论在今天看来肯定有误，但重要的是，他首创了一种对人体新陈代谢过程进行精确称量的思想，这才是他的实验工作的价值所在。不过桑克托留斯的故事带给今天读者的意义或许更在于，30年的大部分时间里，就这样一动不动地坐在称量椅上，何等枯燥的事情，需要何等的耐心！要不是对人体充满好奇之心，并且竭力想弄明白其中的缘由，他能坐得住？

17世纪荷兰的显微镜专家列文虎克的名字读者也许并不陌

生。一生中，他用自制的显微镜发现了不少微观世界的生命体，如霉菌、蜜蜂的口部和普通虱子等。不过他的职业却是一名布料商。他制作显微镜，最初也许只是缘于生意的需要，在当时，尽职的布料商常用放大镜来检查亚麻布的质量。但不知何时，他却把透镜下的对象从布料转向其他东西。后来消息传到皇家学会那里，学会主席对此大感兴趣，要求列文虎克提供更多的细节和草图。接下来发生的事情同样是科学史上值得传颂的故事。列文虎克与皇家学会的通信联系长达50年（他于91岁的高龄逝去），全部信件竟达372封之多。列文虎克的信写得就如同拉家常那般平常，因为对他来说，学术研究只不过是他的业余爱好而已，但皇家学会没有因此而要求列文虎克在来信中注意学术规范，而是由学会秘书将其加工成惯常格式，供学会成员阅读。这一事实不由得让人联想到如今高校对学生毕业论文的要求，首先、几乎也是惟一注重的标准就是论文规范。当然，我决无意强调可以漠视论文规范，我要强调的仅是，当教师对论文的要求只剩下这一项标准时，对教师来说当然省力，因为对照规范几乎不需要学术涵养就能做到，但当学生学会的仅是论文的标准格式（几乎一堂课就能学会）之后，由此造成的后果却令人不堪设想。也许有必要强调的是，这种情况的造成，在某种意义上与我们的评估制度有关。因为上级部门的抽查内容就是论文（或试题）的标准规范。

曾经读过20世纪的科学怪才费曼的一段轶事。费曼对所有事情都充满好奇，以至于他想到有生之年还有一件事情值得研究，那就是记录临死之前的感受。费曼最终是否如愿，不得而知。但在本书中，却有一位生理学家果真想得与费曼一样，那就是18世纪的哈勒。哈勒一生所做出的杰出发现在此不再赘述，只说他临终之际，此时他的身边围绕着医生和朋友，他把手指放在手腕上，感到微弱的脉搏渐趋衰弱，于是，他平静地报告说："脉搏不再跳了。"

18世纪还有一位生理学家斯帕兰扎尼，想要研究胃液对于食物的消化功能。他的前人就曾做过类似的实验，不过实验对象是鸟类。但斯帕兰扎尼却不满足于这些结果，他走得更远，竟拿自己做实验。尽管担心自己也许会噎死（事实上有一只实验鹰就是这样死的），但他还是吞下一个亚麻包，里面装有嚼碎的面包渣，当小包在23小时后从身体里取出时，面包不见了，而小包依然完好无损。他后来又吞下木质小球和装有食物的开口金属管，但这些东西使他呕吐，这时他才意识到自己的科学好奇心走得过远了。

类似这样的精彩故事在本书多得不可计数。读者想必注意到，相比于牛顿、达尔文等名字，本文引用的科学家大多属于名不见经传的人物，但这恰是本书的特色之一，这就是说，以大量篇幅介绍众多璀璨明星，而不只是最耀眼的那几颗。同时，本书还以相当篇幅介绍当时误入歧途的某些研究者，他们不乏才华，不乏对自然奥秘的好奇之心，却因种种原因，更多受名利的引诱，最后居然成为行骗高手。也正是在本书的翻译中，我才知道：artist对应于汉语有三个含义：艺术家、大师和行骗高手。

仅从上述有限的例子中，我们即可体会，科学研究的最大动力来自于一种破译自然奥秘的好奇之心，一种想要探悉谜底的不竭冲动，这不正是游戏精神的体现或升华？也许有人会说，从事游戏怎能与崇高的追求真理相提并论？但在我看来，崇高就在游戏之中。首先，游戏超脱于功利，所有世俗意义上的职称、奖金、名声都与真正的游戏无关；其次，游戏注重规则，任何对游戏规则的破坏都会使游戏自动结束；最后，游戏所要追求的目的无非就是胜局，在科学中即体现为破译自然之奥秘，并以此赢得同行的认可和尊敬。以此反思，当下我们的学术界，缺的远不是钱或其他物质性的东西，缺的正是一种游戏精神。

科学为什么诱惑我们？

《解析彩虹：科学、虚妄和玄妙的诱惑》，理查德·道金斯著，张冠增、孙章译，上海科学技术出版社。

曾以《自私的基因》一书而名声大噪的英国动物学家理查德·道金斯最近又有一本新书与中国读者见面，这就是《解析彩虹：科学、虚妄和玄妙的诱惑》。为什么以解析彩虹作为书名？这与牛顿的故事有关。牛顿当初曾以三棱镜将白光分解成七种光谱，即人造彩虹，当时的诗人济慈认为科学已将彩虹的诗意破坏殆尽。科学果真使美毁于一旦？不少神秘主义者正是这样认为的。他们认为神秘等同于美，而美是不可分解不可探究的，一旦谜底被揭穿，撩人心弦的美顿时荡然无存。但道金斯要强调的恰恰是，正是因为自然界的奇异和美，才吸引科学家去探究其中的奥秘，一旦谜底被揭穿，我们对宇宙的惊奇只会有增无减，更何况，一个谜后还紧跟着另一个更大的谜。科学的探索是永无止境的。

这就是道金斯对科学的最高评价，科学改变了我们认识宇宙的方式，它使我们知道从哪儿来，又该如何去寻求生命的意义。想到每一个生命的诞生都是一个不可思议的奇迹。想到也就几十年的工夫，每一个体又将重新回到一个虚无的世界中，有多少人曾经感叹，生命有什么用？活着是为了什么？道金斯的回答耐人回味：如果判断任何一件事的标准都是“有用”——对活着有用，那我们的生存就好比面对着一个无意义的循环，生存应该有其他的价值，至少生命中的一部分应该奉献出来使生命充满意义，而科学就是使我们的生命充满意义的一种最好途径。现在我终于明白，尽管在意识到基因的自私性后曾有人三天三夜无法入睡，为生命的无情而感到绝望，但悟透基因自私性真谛的道金斯本人却没有绝望，也许他早已认识到正是生命的虚无才衬托出生活(不仅仅是活着)的可贵：经过几百亿年的沉睡之后，我们睁开眼睛看到这样一个欣欣向荣的星体，闪烁着绚丽的色彩，充满着勃勃的生机。但也只不过几十年之后，我们又不得不重新闭上眼睛。所以，在阳光下度过我们短暂的一生，在工作中了解宇宙的奥秘，知道我们为什么睁开眼睛，难道不是一种高贵的、令人陶醉的享受吗？

但一个令人痛心的事实却是，科学不仅已沦为“有用”的同义词，而且还堕落为魔术师手中的道具。为了让公众理解科学，科学不得不媚俗大众。道金斯曾参加过这样的活动，主持人要求科学家在大卖场举办活动以吸引顾客，还要求设法使科学能适合一般人的口胃，即最好体现在厨房或者浴室的改进上。而真正吸引人的科学现象是一个小便池，当你使用完毕后它会自动冲水。道金斯说的是英国的情况，但在我们这儿，以科普的名义使科学庸俗化的现象难说就不存在。好在不少专家已认识到这一问题，所以，要求普及科学精神而不仅仅是科学知识的呼声渐有所闻。但是读了本书后，我才深切体会到科学思想其实就蕴含在科学知识之中。比如，本书专门辟有一章，谈到生活中的巧合事件与统计规律之间的关系。其中有这样一个例子，作者的妻子有一次给她母亲买了一只古董手表，她在快到家门口时把商标撕掉一看，不禁大吃一惊，原来在表的背面镌刻的竟是她母亲名字的缩写：M.B. A，是不可思议还是毛骨悚然？这样的情节常常出现在悬念小说之中，用以铺垫气氛。但道金斯对此的解释只是他妻子碰上了一次小概率事件而已，或者说是天赐良机。他甚至根据统计学的知识算出，在英国5500万的人口中，如果每人都去买这样的手表，那么就会有3000多只手表碰上这样的巧合：上面刻的字母和买主母亲的名字缩写完全相同。

道金斯举了不少这样的例子告诉我们，生活中碰到的所谓巧合，它们令人浮想联翩或是疑虑重重，其实在统计学上都有一定的发生概率。不过这类事件在占星术师或特异功能者那儿，却成了“奇迹”。其实所谓的奇迹就是一种低概率事件，但当分母足够大时，它终究会出现，这种巧合——即两个不相干事件的同时发生——并不具有必然的因果联系。然而，当个体生存在一个对因果关系毫不知晓、未来充满风险的世界中时，它需要从过去的经验中决定当下的行动，所有的动物都有这样的本能，人类也不例外，比如，一位农民认为只要给神奉献祭品就会带来渴望已久的甘霖，他年复一年地重复这样的仪式，只是因为他或他的祖先曾目睹过这种联系的存在。这就是迷信的由来。当然道金斯在他的书中并没有提出要破除迷信之类的口号，但他对统计学知识深入浅出的阐释却使读者明白了这一道理。可见所谓的科学精神与科学知识是完全融为一体的。科学精神不是一团缭绕的仙气，能独立于科学知识而存在。

这就是一本好的科普书的魅力。它使得科学概念不再以抽象的面目出现，使人望而生畏，而是充满了人性。说到底，科学正是人所发明并用来愉悦、抚慰人心的一件艺术品而已。在此意义上，科学将永远诱惑着我们。

科学逍遥游

《迷人的科学风采》，约翰·格里宾、玛丽·格里宾著，江向东译，上海科技教育出版社。《为世界而生：霍奇金传》，乔治娜·费里著，王艳红、杜磊译，上海科技教育出版社。《不该遗忘的胡先骕》，胡宗刚著，长江文艺出版社。《听基因讲祖先的故事》，长谷川政美、任文伟、杨莉琴著，曹缨、钟扬审订，上海科技教育出版社。《数学逍遥游》，陈克艰著，少年儿童出版社。

日前有机会与所谓的白领人士聊天，问他们平时是否读书，主要读些什么书。答曰主要读实用类方面的书，偶尔还会读些历史书。不用追问，科学方面的书籍显然不会在他们的阅读视野之内，而他们的学历大多还是理工科背景。是科学高深得令人望而生畏？还是枯燥得令人生厌？不由得想起《达·芬奇密码》一书的畅销，笔者也是一口气读完全书，掩卷沉思，却分明从书中主人公的身上读到了西方科学家的典型气质，那就是对宇宙间的奥秘充满好奇，于是，对谜底的破译随即成为他们人生的乐趣所在。近读费曼的传记《迷人的科学风采》，对此的体会尤为深刻。费曼被公认为是20世纪物理学界的奇才。其实他的天性就是爱开玩笑爱冒险，他之所以被物理学所吸引，乃因物理学满足了他对这一天性的追求。费曼有个妹妹琼，在她4岁那年有一天的半夜，被13岁的哥哥叫醒，于是，她有幸见到了北极光。自那以后，她无法忘记极光的魅力，在得到固体物理学博士学位后，她对费曼提出了这一要求：把整个宇宙一分为二，只要哥哥同意不研究极光，那她可以把所有的事都留给费曼去研究。费曼一生都恪守了这一承诺，这就是说，除了极光之外，他对所有的事都充满探究之欲。小至邻居家的坏收音机，大至量子力学的基本性质，他都饶有兴致地穷追不舍。他为公众所乐道的最后一件杰作就是对“挑战者”号失事原因的揭秘，只用一把夹钳、一块O形圈橡胶和一瓶冰水，他就演示了航天飞机的失事原因：问题就出在O形圈橡胶在零度以下的弹性失效，从而导致飞船的密封性能受到影响。顺便提及，就费曼本人的志趣而言，他对飞船项目并不热衷，这是因为他认为，尽管每次这样的起飞看来都带着重要的科学使命，却从未见过来自它的任何结果在一些主要的科学杂志上发表。对科学之外的东西，费曼同样津津乐道，小至为乐队打鼓，大至破译玛雅文字，他玩来也都得心应手。就连他对死亡的态度也如此别具一格，在因癌症而动手术之前，他向医生提出自己的要求，若康复无望，则不要被麻醉，因为他要清醒地“看到离去时的状况”。

事实上，所有在科学上取得骄人业绩的科学家，全都有着费曼这般的对自然之谜的狂热兴趣。古道尔，一位娇小的英国女子，却在非洲终日与黑猩猩为伴，正是她首先发现黑猩猩也能使用工具，从而推翻只有人类才能使用工具的定义。她对黑猩猩行为的细致观察和描述，已经成为人类认识自己的镜子。对于古道尔来说，她的天性就是热爱动物，她的自传《古道尔的精神之旅》对此有着极为生动的描述。还有一位女性科学家霍奇金，她的芳名也许较少为人知所，尽管她也是一位诺贝尔化学奖获得者，她一生的工作就是与各种各样的晶体打交道。还是一个小姑娘的时候，她就迷上了晶体，那是在小学的“自然”课上，老师教同学们用明矾和硫酸铜溶液来生成晶体。在此后的几天里，她们瞧着溶液慢慢蒸发，晶体逐渐显现，像珠宝一样有着许多切面，璀璨闪光，多萝西被迷住了，“我这一生为化学和晶体所俘获，”这是她后来写的话，见于《为世界而生：霍奇金传》。在寒冬的夜晚，她一边洗脚一边哭，不是因为脚被冻坏了，也不是因为做不出数学习题，而是因为她不知道怎么推导出已知公式。读这些科学家的传记，不只是因为这些趣事为阅读平添了乐趣，还因为通过这些科学家的工作，使读者得以窥见宇宙运作的方式以及人类心智接近这些奥秘的过程。人类天生就是一个爱猜谜的生灵，在我看来，科学类读物比《达·芬奇的密码》之类的畅销读物更胜一筹之处在于，其中的密码因由自然造化而成，故还令人生出敬畏之情。但有一个事实却不得不提及，那就是阅读中国科学家的传记，却令人生出更多的苦涩之情，不由得为中国科学的坎坷艰辛而扼腕叹息，《不该遗忘的胡先骕》就是一例，封面上引用的一句话："毛泽东说，'他是中国生物学界的老祖宗'"，也许该题词意欲突出传主的重要地位，但它恰恰暗示了中国科学家与政治的复杂关系，当作为游戏的科学与作为权术的政治相纠缠，科学的神韵顿时黯然失色。但我还是想强调该书的可读性，不仅在其史料丰富，还在从中读出的另一味道有助于提醒我们，保持科学的纯正风味是多么重要。

另一门重要的学科——分子生物学是近年来的后起之秀。在《听基因讲祖先的故事》中我们得知，非洲的黑猩猩和大猩猩与人类的关系要比它们与亚洲的猩猩之间的关系更为密切，它几乎意味着黑猩猩更像"人"而不是更像"猩猩"。这一结论着实让人大跌眼镜，不过还有更惊人的，那就是若是追溯现代人的母系遗传，将追踪到一个大约20万年前生活在非洲的女性，借用《圣经》的说法，她被象征性地称为“线粒体夏娃”，是所有女性、亦即人类的共同祖先。这一结论再次颠覆了传统的看法，它意味着：我们的直接祖先是来自非洲的原始人类，而更古老的北京猿人则不是我们的直接祖先，它们仅是我们的旁亲，在进化的途中灭绝了。当然这一说法遭到中国考古人类学家的反对。关于基因还有更多有趣的事情，它们直接与当下的现实生活密切相关，《林肯的DNA：以及遗传学上的其他冒险》对此就有生动的介绍，本书的作者曾是哥伦比亚大学法学院的毕业生，在取得律师资格之后，又进入耶鲁大学医学院，花了7年时间终于成为一名内科住院医师，他的志向就是要把法律与其他专业结合起来，而选择遗传学作为切入点，正是作者的明智之举。鉴于遗传学正在日益走近寻常百姓家，由此惹出的官司可谓精彩纷呈，在这些官司中，作者常常以专家的身份出现，充当其中的证人，这样新鲜出炉的内容读后自然令人大开眼界。

在提及科学人文类的读物时总有一种遗憾，那就是来自中国学者的有趣读物实在乏善可陈。但新近出版的《数学逍遥游》却令人眼睛为之一亮。想来数学该是多么高深的学问，数学难题曾吓倒多少不谙解题的学生，甚至包括钱钟书。但在作者的笔下，似无人间烟味的数字、公式却个个鲜活生动，比如，以流水的平缓和急促来比喻函数在某一点上的变化趋势，这就是“斜率”。由此表明，抽象的数学本有来自生活的体验。但有时这种直接的生活体验却也会误事，如非欧几何的难产，原因就在于常识和经验上的直觉，使人们无法摆脱“平面上过直线外一点只能作一条平行线”的设想，这正是欧氏公理的先入之见，以至人们花费了两千多年的时间才冲破“井底之蛙”的局限，得以进入非欧几何的境界。

科学总在引领我们进入一个有趣的境界，故谓科学逍遥游。

科学家的真话由什么来担保？

《真理的社会史:17世纪英国的文明与科学》，史蒂文·夏平著，赵万里等译，江西教育出版社。

“非典”时期，上海市政府的一位高级官员曾在新闻发布会上如此强调，我担任过大学的副校长，我说的话是负责任的。言下之意，无须点明。看来在一个信任严重贬值的年代里，大学倒是有幸成为最后的一方净土。由于大学是产生知识的重要场所，可见大学的声誉主要还是由公众对知识以及对制造和传播知识的人士的信任而来。那么，信任与知识又是如何建立起关系的呢？一部厚重的《真理的社会史：17世纪英国的文明与科学》即是对这个问题的讨论。

信任是伦理学中的一个重要范畴。社会的稳定有赖于信任关系的建立，一个人人说谎的社会也就是一个人人自危的社会。所以任何文明，都视诚信为首要美德，“一诺千金”就是对这种美德的生动刻画。其实，信任不仅是道德得以维系的磐石，而且它还是知识得以建立的基础。虽说百闻不如一见，但一个人在一生中的亲身所见总是极为有限的，而信任别人的所见，恰恰是增长我们见闻（或知识）的一个重要手段。所以，我们不仅要行万里路，更要读万卷书。但是，若过于信任书本上的知识，有时就会导致对权威的盲信，所谓尽信书不如无书，就是对这种情况的刻画。西方近代经验主义哲学的兴起，就是对书本权威知识的一种挑战，或者说，它就是对书本知识的信任危机的一种产物。现在唯有可信的只能是我们直接的经验知识，于是，亲自动手去做遂成为近代科学的主打方法。然而，梨子的味道也许人人都能尝上一口，但科学中的“做”却不可能人人上场体验一番。不得已，科学家成为观察自然现象的重要证人。但是，我们凭什么相信科学家所言必定为真呢？信任问题再度出场。本书的精彩之处在于通过对17世纪英国社会的考察，剖析了科学家的声誉由什么来担保这一问题。

是什么使科学家在大众中享有崇高的声望并获得信任？那就是绅士身份。绅士在经济地位上必须属于有产有闲阶层，因为他无须为直接的生计而奔波，这就决定了他在谋事时的非功利性。在道德上，绅士必须具备“君子一言，驷马难追”的品质。他说出的话，就是一份庄重的承诺，一份神圣的契约。他的地位决定了他可以自我担保而无须受外在条件的束缚。于是，在17世纪的英国，科学家，首先必须是一个绅士，本书的重点剖析对象——玻意耳——就是一例。玻意耳出生于一个富有的贵族家庭，他继承得到的地产不仅足以保证他过上衣食无忧的生活，而且还能让他在置办实验仪器等事宜上大肆挥霍。在社交界，玻意耳被公认为是一名高贵的绅士，他说出的话就一定是事实。历史上，对科学真理的可靠性居然是由科学家的身份来做出担保的，这岂不是说，非绅士身份的人士就被剥夺了从事科学研究的资格？事实正是如此。本书有相当的篇幅讨论近代实验室中的另一类角色，称他们是实验员或仆人都可以。比如，玻意耳的手下就专门雇用了这么一批有专门技能的工人。他们听从主人的吩咐，专事仪器的制作、操纵以及数据的记录等。因为他们是为领取薪水而“做”，所以，在任何发明上都不配占有一席之地，在此意义上，这些人纯粹只是主人的手和感官的延伸。换言之，他们是不能为自己担保的，故这些技师们还须与主人签一份誓约，保证他们在整个过程中忠实执行主人的命令，同时还不泄露主人的任何机密。由于有这份契约的担保，他们方被视为是值得信任的。殊不知，玻意耳的不少实验就是出自于这些仆人之手。

行文至此，不由得想到科学史上著名的戴维与法拉第的关系。对法拉第生平略有所知的人都知道，法拉第曾是戴维的实验助手，他在戴维处得到了极为苛刻的不公正待遇。戴维不仅把他当仆人来使唤，而且还处处压制他。在与法拉第的关系上，戴维，这位昔日的绅士，差不多成了一个反面角色。但是，在知道了科学的这段历史之后，关于戴维与法拉第的恩怨似乎可作另一番评说了。站在传统的立场上看，戴维的不幸恐怕在于，他碰到了一位实力过于强大的助手，以至于通常的惯例不再有效；但若是站在现代的立场上，法拉第的崛起恰恰是一种象征：科学研究不再是绅士的专利，它正以不可阻挡之势走向平民。

当科学走向平民之后，对它的信任将通过什么来担保呢？这是一个无法回避的问题。在传统社会，由于人们大多处于一个相对封闭的圈子中，信任基于一种熟悉的面对面的关系。然而，现代社会已不复再有这样的环境。一方面，是流动性的增加，“天下谁人不识君”的时代已成过去；另方面，是功利性的渗透，科学早已不是有闲阶层的高雅消遣，在不少情况下，它只是一种有用的谋生手段。在这种情况下，对科学的信任不再由具体个人的德行，而是由一套严格运作的体制来担保。这一转变是意味深长的。正如现代社会的信任关系是基于体制的正常运作一样，一个从事科学研究的专门人员也须受到共同体规范的制约，这就是默顿总结的四组科学气质出台的背景。普遍性、公有性、无偏见性、有条理的怀疑主义等美德，不再是与生俱来的气质，相反，它们是一组精心制作的体制规范，其内在化保证了违反规范将产生精神痛苦，而由共同体执行规范则保证了违反者将被发现并受到惩罚。这就是说，科学精神并不见得是内在于科学的一种东西，它倒是一种外部的约束。认识到这一点，科学在我们心目中的神圣地位是否会有所黯淡呢？我想，与其一味拔高科学，还不如以平常之心来看待科学。这样，我们才会更加迫切地意识到，构建使科学体制得以正常运作的条件有多重要，正是这种体制才能成为科学家讲真话的可靠担保。

科学主义：福兮？祸兮？

《科学的灾难？》，阿尔贝·雅卡尔著，阎雪梅译，广西师范大学出版社。

在当今社会，科学差不多就是“正确”的同义词。有鉴于此，就有好事的学者出来论证，对科学的这种过度崇拜就是科学主义，而科学主义是要不得的。反对方立即予以回击：要知道，科学在中国的实况就是先天不足，故当务之急是扶正而不是挑剔，在中国，批判科学主义就是用错了药方。本文不打算也没能力充当裁判角色，只是刚刚读完的《科学的灾难？》一书让我再次想起了这一问题。作者雅卡尔是法国的遗传学家，但他善长于写科学人文类著作。一望可知，该书是对科学的反思之作。正如作者所说，人也许天性懒惰，总想依赖某种权威作为自己行动与思考的根据。在前科学时代，这种权威更多来自古代的圣人或某些宗教教义。随着科学的崛起强大，依赖的重心更多偏向了科学。然而，科学是否会误导我们？对此，雅卡尔以科学家的身份对科学的基本概念进行剖析，尤以遗传学为重点。

科学的语言是数学。人类的数字观从基数开始，进而达到序数。序数就是排序，排序就是划分等级，等级则昭示优劣之分。于是，不知不觉中我们就陷入了数的圈套之中。比如，遗传学告诉我们，每一个体在基因型上都是独特无二的，这就是遗传的多样性。这种多样性又可表达为一系列的数值，就此数值而言，两个人之间永远都不可能“平等”。既然不平等，就有优劣之分。于是，种种名目繁多的测试忙于为种族或个人进行打分、排序。前者有可能使种族主义披上科学的外衣；至于后者，早已成为我们生活中不可缺少的内容，如不计其数的等级考试。数字化管理、统计式运作无孔不入，不就因为我们相信“数”是科学的语言？

再来说说加法。我们从小就被告知，不同类的东西是不能相加的，比如，兔子和青菜。但事实上，同类的东西也不能随便相加，因为加法还有一个前提条件：相加的两个量必须彼此独立。但在遗传学中，这样的错误却时有所闻。比如，我们会问：在性状的表达中，基因与环境各占多少份额？这就是一个不宜加法的问题，由此求得的方差值不仅毫无意义，还起误导作用。因为方差分析是假设一个参数恒定不变，来测定另一个参数的剩余效应，而这两个参量却不是独立变量。

再说基因与性状间的关系。科学总是从简单现象出发，当初遗传学的奠基人孟德尔就是通过杂交实验，抓住豌豆的某些性状与其遗传因子的关系，得出基本的遗传学定律。这种简单性思维在带来成功的同时也投下阴影，经典遗传学因此而使基因与性状间的关系相对简化了。事实上，基因与性状的关系要复杂得多，其间不仅涉及与环境的相互作用，还有多个基因的共同参与。由于这种多重关系的存在，致使基因与性状不可能存在严格的对应关系，而只能是：互不相关的因果系列的汇合。注意，巧合被纳入这一关系之中，对此，概率的描述更为恰当。

一旦遗传学达到这一认识，基因的神圣地位随之解构。由此出发，雅卡尔还对社会生物学进行了点评。近年来，社会生物学的种种提法正在频频闯入我们的视野：比如，抑郁、自杀与特定基因有关；男人的见异思迁被认作是雄性基因的策略；自私的基因甚至还操纵了我们的本性，连母爱、恋情也被看作是这种本性的变相表达。社会生物学的要害即在于，将人类的行为归结为基因层面的作用。但事实上，行为的丰富性要远远超过基因所能提供的信息。其实，不光行为，就是生理性状，它的丰富性也要超过基因的单方面表达。以神经系统的发育为例，我们所有神经元的个数是居住在地球上的人口总数的10~20倍，胎儿平均每分钟制造25万个神经元。在发育的某几个阶段，这种节奏可能达到50万个甚至更多。相形之下，我们体内基因的数量极其有限。全部基因也就3万~5万个。显然，指导神经元合成的指令不可能全部来自基因，必定还存在一种后天生机制，亦即，程序还存在于过程之中，这就带来了开放性。对于人的行为来说，由于文化的介入，这种开放性更为明显。人，绝不仅仅是生物学意义上的人。不由得想起一句西方谚语：四十岁之前的相貌是父母给的；四十岁之后的相貌则是自己定的。说得多么深刻！在我看来，它有两层含义：浅层是指历经岁月的沧桑，个人的性情、修养是最好的整容术；深层是指命运之舵更多掌握在自己手中。这正是对先天与后天相互作用的精辟诠释。

雅卡尔的深刻还在于，他不仅剖析科学概念的某些不当用途，同时，他还指出某些科学命题的深刻含义，他列举了两个概念：不确定性和不可判定性。不确定性来自量子力学的基本事实：电子只有改变自己的运行轨道才能发出光子，从而向我们提供观测信息。这就意味着，我们能测知的不是电子的运行轨道，而只是电子运行轨道的变化。科学的这一不可逾越的障碍是否让我们就此气馁？否。这一障碍反而激励我们去开拓其他未知的领域，科学因此变得更加开放。不可判定性来自数理逻辑。哥德尔不完备定理告诉我们：一个公理系统无法自我判定其命题的真假。这与其说是逻辑的无能，还不如说是人类的福份。既然逻辑的枷锁无法禁锢我们，这就意味着当我们设想一个不可判定命题时，我们可以永远自由地选择接受或否决它。这才是真实的科学本性。它有助于我们更好地把握自身与世界的关系。

回到本文开头对科学主义的评述。我想，问题的关键是首先必须澄清，我们在何种意义上理解科学？鉴于科学的辉煌成功，对科学的崇拜是一个不争事实。这种崇拜更多的时候确实表现为使科学的某些概念、思维方式不恰当地夸大了；甚至还把科学当作一只仅会下蛋的母鸡，不惜以激素去催它，更做出杀鸡取蛋的蠢事。这样的科学主义，成事不足，败事有余。然而，若我们这样来看科学：它激发我们的想象力，创造力，让我们在逼近自然之谜的过程中获得无穷乐趣；它安抚我们浮躁的心灵，让我们对头上的星空生出敬畏之心；它开启我们认知视域的另一扇窗户，让我们看清自身在宇宙中的地位。这样的科学主义，岂不是一种福音？

为人类的心灵诊脉

《技术时代的人类心灵：工业社会的社会心理问题》，阿诺德·盖伦著，何兆武、何冰译，何兆武校，上海科技教育出版社。

人类正在进入技术时代，对此，有人欢喜有人忧。一般来说，喜的是经济学家，忧的则是哲学家。近日读到《技术时代的人类心灵》一书，作者就是德国当代著名哲学家阿诺德·盖伦。对现代化之忧思可以有不同的侧重点，盖伦的特色在于从人的基本生物学特性开始说起。一个众所周知的事实是，人属于一个生来极为软弱、成年后依然赤手空拳的物种，这就是说，大自然非常吝于为人类配备体质上与生俱来的能力。于是，人唯能凭借的就是智力。与本能不同的是，智力面对的是一种灵活多变的可能性，而本能只表现出机械呆板的行为。在盖伦看来，智力的高度发达给人类带来两个深远后果：一是技术的诞生；一是制度的形成。

先来看技术的产生。人与动物的本质区别即在于，人通过改造自然而使自然适合于自身；动物是通过改造自身而使自身适合于自然。技术就是人改造自然的方式。在此意义上，技术是人的生存方式，技术与人一样古老。即使从燧石磨出的最粗糙的棱角中，我们也能看出它与今天的原子能一样具有双重性：它既是一种有用的工具，同时又是一种置人于死命的武器。远古时代的巫术也是技术的前身，它反映了人对自然的一种幼稚的操纵。例如，世界各地都有的“求雨”仪式就是一例。技术的辉煌是通过近代科学而达到的，其实也可以反过来说，近代科学正是通过实验方法的引入才走向成功，而实验就是一种典型的技术操纵手段，故科学也是有赖于技术才步入辉煌。

技术使人改造自然成为可能，同时，技术还满足了人的某种深层心理需求。如前所述，人在体质上的原始性及其由此带来的对智力的依赖，决定了人面对的是一种开放的可能性，或者说，不稳定性。因此，人的心灵表现出一种半本能式的对于环境稳定性的需要。尽管对于四季分明的地区来说，大地迎春的脚步从不爽约，但人们还是发展出种种仪式来祈求春的回归。

我们对于钟表、机器和各式各样转动机械的迷恋绝不只是工业时代的象征，而是源于对规律的期盼和追求，这种心理与巫术如出一辙，其实，迷信又何尝不是如此呢？这就是说，由于面对种种不确定性，人的心灵深处便滋生了对稳定和秩序的亲近和渴望，由此，盖伦提出了一个重要的观点：人类的文化中少不了稳定化的制度以满足人的这一心理需求。

在盖伦看来，文化的历史或许只有两个真正意义上的分水岭：史前期从狩猎–采集文化向定居文化的过渡；以及近代向工业文明的过渡。定居文化的基础是农业，而农业生产有着这样一种道德含义：饲养动物和栽培植物总是包括着一种相互的服务，因为它们为人类而存在，所以人类也为它们而存在。对自然的依赖感便深入到人类生存感的核心之中。既然一切经济活动都和生命物质相联系，所以，社会的、伦理的和经济的各种活动范畴也就没有理由分离。套用一句名言：人在大地上诗意地安居着。这种生产方式及其由引衍生的心理习俗为人类的文化提供了一套稳定的制度及其信仰。

然而好景不长，由技术创新而引发的工业革命摧毁了传统制度得以生存的根基。首先，被经济学家誉为是近代财富得以迅速积累的秘诀之一的劳动分工，在盖伦看来，却是导致人的生命力萎缩的罪魁祸首。在流水线上生产的工人不同于田野里劳作的农民，他的工作与最终产品没有直接关联，因此他丧失了第一手的经验。更严重的后果还表现在科学之中，一个研究者不再关心他的研究与应用之间的关系，因为其间的联系也被割断了。其次，工业革命面对的是丧失生命力的自然，我们难以对无机自然（煤、石油等）采取一种伦理态度。这就是说，伦理的根基被掏空了。还须提及的是，近代的启蒙运动为人类追求幸福的权利摇旗呐喊，于是，对幸福的正当追求成为工业时代消费观的基础，而这种消费观又成为资本主义生产的不竭动力。看看我们周围，富人的奢侈很快成为大众的时尚，于是，人的欲望犹如决堤的洪水，大肆泛滥，它冲垮了稳定性的制度及奠基于此的神圣信念。可见在一个日益世俗化的社会之中，人的生存状态是否陷入了一片沼泽地之中？面对四面八方涌来的诱惑，我们再次被抛向一种不确定的状态中，安身立命的根基不复存在。家庭也许是最后的避难所，但它的牢靠性也正在不断经受冲击。也许从狩猎-采集时代至今，人性没有多大改观，所谓江山易移，本性难改，但人所面对的周遭环境却在发生剧烈的变革，心灵的危机出现了。根据盖伦的思路，人迫切面临问题的也许是重建一套稳定化的制度以抚慰现代人那浮躁的心灵。可是，大浪淘沙之后，这套根基又该立于何处？这个问题也许无法从盖伦的书中得到满意的答复。但是，想到古人留给我们的遗训：人生于忧患，死于安乐，于是盖伦为当代人的心灵进行的“诊脉”的意义就无须多加强调。

技术是人心的一面镜子

《智慧的动力》，约翰·H·立恩哈德著，刘晶等译，湖南科学技术出版社。

说到技术，实在有太多的点评。一种最为常见的说法是，技术是一把双刃剑，倒是一语道出人类对它的爱恨交加、欲迎还拒之情，但这仅是将技术当作一种身外之物来对待。一种更为深刻的说法是，技术是人的生存方式。是的，赤手空拳的人类居然能武装到牙齿，全赖技术之力，技术于人，如水之于鱼，岂止是身外之物？但在《智慧的动力》一书中，我却读到了一种拨人心弦的说法：技术是人心的一面镜子。此一比喻不由得令人回味再三。由技术来观照人心，我们从中看到了什么？

首先，人不同于动物，它的欲望始终是超出基本的生存需要的，欲壑难填就是对此的生动描述。飞机的发明折射的正是人类脚踏大地却始终向往在天空自由飞翔的冲动和梦想。早在飞机发明之前，人们就尝试用种种方法升入蓝天，并为此付出悲壮的代价。1785年1月7日，法国人布朗夏及一位美国医生首次乘气球飞渡英吉利海峡，他们差一点就失败了，在最后关头，不得不扔掉所有东西，甚至通过撒尿来减轻重量。布朗夏是个飞行狂，为此投入的种种试验使他的开支入不敷出。不得已，他辗转来到美国作飞行表演，此行赚了405美元，支出却是500美元，观众中有一位是华盛顿总统。最后，他因心脏病突发死于飞行途中。他的第二任妻子继承了他的事业，最后也是死于一次飞行事故中。正是这种疯狂的追求和炽热的激情使20世纪的宇航员冲向了地球之外的太空。当然，飞翔之梦的实现仍不乏悲壮的代价。写到这里，不由得想起一种广为流传的看法，即需要是发明之母。不能说此有错，也许对此验证的例子随手即可拈来，但这毕竟只是一种肤浅之见。更为深邃的洞见则是，真正推动发明的是一种强烈的、不可遏制的发明冲动，人是为了发明而去发明。反过来，正是发明，将人类引入一种更高的境界。以机械钟的出现为例。到了16世纪中叶，机械钟不仅走时相当准确而且装饰也非常精美，功能超出报时甚至兼有娱乐之用。上紧发条的时钟不需任何干预就能忠实运转，令人生出巨大联想：宇宙就是时钟，上帝则是设计师。人类无尽的才智、情思都寄托于机械钟的制作中，但一个事实不得不提及，那时的人们几乎不需要知道精确的时间。机械钟不是因需要而问世的，它仅是人类无尽想象力的产物。但它一旦问世，则预示了一个新时代的到来。它带来的实际好处是，18世纪钟表用于天文导航；它带来的深刻见解是，宇宙就是一架大时钟；最后它还带来了现代人的生活节奏：分秒必争。人类学家对原始文明的一个共同描述就是，那里的人们普遍不守时。殊不知正是钟表塑造了一个现代文明。毫不夸张地说，正是当初的那些钟表匠为我们这个时代上紧了发条。

技术还折射出人类绵延不断的怀旧之情。比如，茫茫大海中的灯塔曾是人心深处希望和信念的象征。尽管现代的雷达、声呐等技术早已使灯塔黯然失色，但象征意义上的灯塔依旧守护着我们内心深处的某种安谧。这就是一种好技术的双重功效：在满足实用的同时，它还兼任情感的守护神。当然，人心不仅仅是怀旧，人类的天性中更有开拓进取、甚至喜新厌旧的一面。以打字机的发明为例。第一台雷明顿打字机于1874年诞生，到1878年，其性能已接近现代打字机。但到1880年为止，仅售出5000台，公司惨淡经营。要知道，在当时写得一手好字是身份的象征，印刷符号怎能替代手迹？后来它的走俏是因为首先被商界所接受。当人们普遍默认了它的好处之后，鹅毛笔只得悄然退隐。这就是技术的魅力，它始终在催促人们及时调整心态面向未来。在这里，人性的两重性得到了生动的突现：情感是怀旧的；但追求总是趋新的。两情相悦，与其等到天老地荒，还不如拇指一动即刻发送。现代通信的威力足以让所有怀旧的思绪消逝在波中。

技术还是一种交流方式。作者在书中举了一个生动的例子。他从商店买回一套需自行组装的电脑桌，不幸的是，装配手册遗失了。经过琢磨后，他开始根据各个配件之间表现出来的逻辑关系，按照设计者的思路组装配件，这时，他仿佛感觉到设计者正在手把手地将他引入一种境界，它逐渐通往一台格调高雅、风格朴实的电脑桌的现身。原来我们能与发明者共享创造的乐趣，还有比这更过瘾的交流方式？其实智者是深谙此道的。比如，很少有人知道那个写下《瓦尔登湖》的梭罗，同时还著有《土木工程师》一书，也正是他使得美国铅笔生产工艺日臻完善。

但令人遗憾的是，如今作为交流方式的技术正有功能退化之险。现代人都熟知“黑匣子”这一术语。起初它指任何封闭的电子齿轮阵，但现在却指任何密封的装置，进而还成为一种隐喻：只有在紧急情况下才能被打开，如飞机上的黑匣子。如今我们所面对的各类技术产品，在某种意义上都成了黑匣子，它们无法被随便打开，而在早年，正如作者所说，汽车曾是学会应用机械学的引路人；收音机教会一代人什么是电路系统；而作者本人对内燃机、气体力学等知识的了解则是得益于制作飞机模型。有鉴于此，必须让学生明白，身边种种复杂的装置决不是非到紧急关头不能打开的黑匣子，或是会惹来灾祸之险的潘多拉之盒。听说高明的计算机老师从不禁止学生在机房运行任何来历不明的软件，理由就是从正常运作的机器中，学生永远无法有真正的长进！

合上本书，我对技术有了更多的感恩和领悟。

费曼眼中的科学与哲学

《发现的乐趣》，R·P·费曼著，张郁乎译，湖南科学技术出版社。

费曼是20世纪物理学界的奇才。他的学术威望也许比不上爱因斯坦、玻尔等人，但围绕着费曼却有太多的传奇故事可讲，当我们在为这些轻松有趣的故事捧腹大笑的同时，却于不知不觉中领略并分享了费曼对科学——不，其实是对所有未知之谜——的狂热追求之情。费曼总是说，他研究物理学不是为了荣誉，也不是为了获奖，而是因为它好玩，是为了一种纯粹的发现的快乐，探明自然如何运作，什么使它如此准确。顺理成章的事情是，费曼获得了诺贝尔奖。公正地说，这更是诺贝尔奖的荣耀而非费曼的荣耀。当记者要求费曼在两分钟之内来解释一下，他做了什么而获奖时，一个俏皮的回答是：嘿，如果我能够在两分钟之内解释给你听，那我就不值这个奖了。既然如此，本文也就不打算在如此有限的篇幅内来讲费曼的具体工作，而是只讲费曼对于科学的见解，与他所有的见解一样，机智且不乏深刻。

费曼曾经坦言，他远离哲学，对哲学绝无好感。一个事实可以佐证：他从来鼓励儿子自由发展自己的爱好，但当听说儿子居然要学哲学时，他却再也不能坐视不管了。相比于爱因斯坦或玻尔等物理学大师对哲学的主动亲近，费曼对哲学的不恭难免会惹来争议。不过在我看来，这或许与一个人独特的天性有关。毕竟，爱因斯坦或玻尔的工作更接近物理学理论的根基，而在根基的深处，物理学与自然哲学已浑然一体，难分界限。但若就此认为费曼只不过是一个毫无哲学头脑的物理学家，只会摆弄方程式，以机智的风格阐述物理学概念，或是精于玩弄橇开保险柜这样的雕虫小技，那就不仅是对费曼的不恭，更是对哲学的误会。正如费曼所说，招惹我的不是哲学，而是浮夸。

首先，费曼对科学的总体看法值得一提。什么是科学？这是科学哲学的一个中心话题，但费曼不喜欢哲学家的回答。费曼说，正是父亲小时候与他玩的游戏让他知道了什么是科学。父亲教他把瓷砖一块接一块拼起来，然后推倒，类似于多米诺骨牌游戏，这种玩法先是吸引了孩子。然后父亲又教他在放这些瓷砖时一定得在一块白的后面接两块蓝的，依次重复，绝不能出错。渐渐地，费曼看出了门道，那就是图案的规则性。正是父亲给费曼上了最早的一堂数学课，照父亲的说法，数学是什么，数学就是寻找图案。从那以后，费曼一生都在寻找自然界以各种方式呈现出的图案，从中寻找规律，同时寻找发现的乐趣，这就是费曼理解的科学，没有深奥费解的术语，却就此拉近了我们与科学的距离。更意味深长的是，科学的知识具有普遍性。比如说，我们，连同所有的树木及你能想象得到的东西，都是由原子所构成，在此意义上，它们全都遵循相同的规律。这一事实，或许惹来人们对机械论哲学的不快。但从另一方面来看，构成天上星星的原子，与构成地上石头或奶牛的原子是同样的，岂不令人觉得世界奇妙无比？懂得欣赏这种奇妙难道不是一种至上乐趣？

其次，科学的价值是什么？或许大众更关心的是这一问题。费曼认为，科学有三大价值。其一，科学提供给我们许多实用的好东西，这在前科学时代只能在神话里才能想象。其二，科学令我们享受智力上的娱乐，毫无疑问，这正是费曼最看重的价值，但却难免会招来质疑，尤其当现代科学越来越需要大把烧钱之时。人们不由得要问：难道纳税人的钱就是为了满足某些科学家们的智力探险活动？对此，费曼的回答是，请思考一下什么是社会责任，若社会有必要满足其中的每一个人合理正当的追求，那么，科学享乐就和任何其他事情同等重要了。更何况，这种智力享受将为人类生活带来无比广阔的前景。正是在此意义上，费曼强调知识和惊奇完全不同，教育的目的不是为了传授知识，而是激发惊奇，而知识的目的也正是为了更多地欣赏惊奇。就此而言，费曼的父亲尽管没有修过教育学理论，但他却深谙教育之道，那就是如何激发孩子的求知欲。确实，大众更容易为知识、其实是为知识的实用性所征服，报纸总是这样写——“科学家认为这一发现有望攻克癌症”。但在这背后，若要激发一个孩子长大后去从事这一发现，真正能够打动他的或许就是这一发现本身所带来的乐趣，而非其他，否则，恐怕一不小心就会造就如韩国黄禹锡这样的科学败类。其三，科学从不许诺我们有绝对正确的知识，相反，科学总是告诉我们怀疑的价值，不确定的重要。科学的这一精神价值，其重要性一点都不亚于它的实用价值，可惜人们对它的关注却远远少于实用。

最后，科学的方法放之四海而皆准吗？如费曼这样崇尚科学并且又对哲学似乎有所不恭的人会怎样看这个问题呢？费曼举了一个例子。“二战”期间的所罗门群岛，飞机曾降落在岛上并给驻扎岛上的士兵带去各种好吃的东西。战争结束后，岛上的土著居民为再次引来飞机举行一系列的模仿仪式：如修建人工着陆带，旁边点上篝火以模仿灯光，人坐在一个木盒子里，再戴上木制的耳机，上面甚至有竖起的竹竿代表天线等。一切都模仿得惟妙惟肖，但却没招来飞机。这一切或许会令现代人发笑，但费曼说，我们现代许多领域的活动，正是土著人意义上的科学，形式上与科学一模一样，但却得不出真正意义上的科学结论。他指的是社会科学。这是对社会科学的贬低？恰恰不是。费曼说“他不知道科学方法在这些领域是否有效。或许在这方面，它特别脆弱”。这正是一个科学家对科学方法的恰当评价，它绝不是适用任何领域的。那么，在社会科学领域，更适当的方法该是什么呢？费曼的话不无启发“比如倾听过去人的想法，倾听长者的经验，这或许是个好主意。”这些话不由得让我想起哈耶克在《科学的反革命》一书中对唯科学主义的批评，殊途而同归。哈耶克同样反对社会科学盲目搬用自然科学的方法，弄出一大堆数据公式，其实如同“皇帝的新装”，什么都没有，还误导公众。而社会科学中真正有价值的做法恰恰就是尊重传统智慧。

于是，费曼俏皮地问道：“怎么样，作为一个哲学家，我做得成功吗？”若是被费曼的故事所吸引，并想回答费曼的问题，请去读《发现的乐趣》一书。

转基因作物：对古老人性的挑战？

《收获之神：生物技术、财富和食物的未来》，丹尼尔·查尔斯著，袁丽琴译，上海世纪出版集团。

尽管不少人对基因工程的了解还是一头雾水，但超市的货架上已在出售经基因工程改造后的农产品，比如，精制豆油。围绕着基因工程在商业上的用途，一场未见硝烟的战火也已经点燃，《收获之神》一书对此有生动的介绍和评述。

战场一方的主力军是美国孟山都公司。这家公司原本经营化工产品，如除草剂。杂草尽管是生态系统的正常组成部分，但它却是农业生产的大敌，农业之违背自然可见一斑。有几大因素促成了这家公司经营对象的转变。早在20世纪70年代早期，孟山都公司的一位科研人员亚沃斯基突发奇想，研制除草剂是为了去掉农民不需要的植物，无奈除草剂不长眼睛，农作物也难逃一劫。多年来，“我们的钱都花在使除草剂具有选择性上，为何不试试让植物具有选择性呢？”这是一个极具启发性的逆向思维。当时孟山都公司刚向市场推出一种广谱除草剂，叫草甘膦，销售势头火爆，但它的所向无敌使农作物也成为麾下败将。想想若能使农作物对此产生特异性耐受力，将给农业带来多大的变革！但这一设想最初不被他的同事们看好，因为孟山都公司有的是化工专家，但对于伺弄植物，他们全是门外汉。然而，基因工程的帷幕正在悄悄拉开，还有其他的因素已为此搭好了布景。

首先是环保主义的力作《寂静的春天》一书于20世纪60年代的问世，导致人们对剧毒化学产品如滴滴涕之类，产生极度的抵触或恐惧心理。年轻的科学家或工程师开始转向研制和开发生物技术，这就为基因工程的出场作了必要的铺垫。另一个有用的线索出现于1979年的夏季，科学家们宣称已经成功地将一个有用的基因——产生人体生长激素的人类基因——拼接到了细菌身上，这些细菌就此成为生产宝贵激素的工厂。1980年6月16日，美国联邦最高法院颁布法令，允许人造生物取得专利。这是一个重要的信号，表明基因工程的产物可以进入商业领域。

时机已到，孟山都的研究人员跃跃欲试。霍尔施，这位孟山都公司技术娴熟的组织培养专家，对于自己肩负的使命充满信心。当被问及这一最新技术是否在担当上帝这一角色的质疑时，他的回答同样充满宗教智慧，“上帝赋予了植物这些性能。上帝也赋予我们智慧，进行播种、收获、烹调、拣选、育种……还有组织培养。我们所做的就是运用这些天赋。”这就是科学家们的信念：知识有用、创新产生进步、进步有益。

对新技术的迷恋加上商业利润的驱动，致使孟山都公司在基因工程这一新战场频频得手。他们向市场推出了一种崭新的产品，转基因棉花，或称Bt棉。Bt是来自细菌——苏云金芽孢杆菌——中的一种基因，这种基因所合成的一种蛋白质具有杀死某些毛虫的性能。科学家们已经从细菌中分离出了这种基因。只要将这种基因植入植物中，植物就能获得有用的抗虫性能。比如棉花，它有一种天敌，烟草夜蛾幼虫，传统的方法是喷洒杀虫剂。然而，在20世纪70年代中期，害虫产生了耐药性，幸好，一种叫做合成除虫菊酯的新产品及时问世，它们力挽狂澜。但好景不长，至20世纪90年代中期，厄运再现，害虫再次产生耐药性。这次出场的新式武器不再是传统的化学制剂的升级换代，而是来自细菌的一个基因，它使得棉花产生对害虫的毒性。这就是孟山都公司向市场推出的新型转基因棉花种子。紧接着，Bt玉米种子也向市场推出。Bt玉米能够抗一种叫做玉米螟的害虫，因而Bt玉米的产量远远高过普通玉米，在玉米螟爆发的年份，这种效应尤为明显。此外，孟山都公司还推出了一种转基因大豆，这种大豆能够耐受草甘膦这种农药。当初亚沃斯基的设想果然成真。现在，孟山都公司的销售业绩一路飙升。到1998年，这种大豆已占到南美大豆收获的一半。公司在这一领域的销售利润三分之一来自种子销售，三分之二来自草甘膦农药销售。这种捆绑式销售有利于孟山都公司牢牢占据市场制高点。

树大招风，各种批评质疑纷至沓来。首先，是针对基因工程作物的安全性。欧洲，尤其是英国人，对此表现得更为忧心忡忡。这种不安感很快波及美国，一位美国科学家在《自然》杂志上报道，Bt花粉毒死了帝王蝶幼虫，这是美国人喜爱的一种昆虫，舆论顿时大哗。其次，还在于孟山都公司的营销手段，这就是向农民出售种子的同时，以法律的形式规定农民不得来年复种这些种子，否则就会惹上官司。考虑到前期的巨额投入，此举是为了保护以后丰厚的利润回报，但这却对农民的感情造成伤害。

反对方的主力军来自环保人士。反对的理由也主要基于上述两点。首先，人类凭什么将自己的食粮完全托付给这种由高技术所催生的品种？其次，种子，作为生命的象征，上苍的恩赐，它怎么忽然就成了某一家私人公司的垄断产品？由于这样的理由极具情感和道德上的煽动性，因而很容易感染公众并造成市场对新产品的抵触。分析反对方的动机，这实在是一个复杂的问题。一种比较苛刻的说法是，反对方也是出自于私人利益的驱动，那就是吸引公众眼球，以提高自己的知名度或在选民中的声望。不过在我看来，反对的声音有一定市场，恐怕主要还是基于一种怀旧的情感，那就是对工业文明的恐惧，对传统生存方式的留恋，对一切存在物（如种子）划为私有财产的抵触，若说这是人性，那就是一种更为古老的人性。而转基因家作物的出现，是否正在对这种古老的人性提出了严峻的挑战？

一个必须承认的事实是，农业生产方式是人类凭借技术控制自然的开端，而现代的基因工程则使这种控制完全与工业化同步。现在必须澄清的问题是：人类的控制有无限度？若有，这种限度的标准该定在何处？应该如何评价人性深处挥之不去的怀旧情绪？技术是否应该塑造一种新的人性？够了，仅这些问题就够哲学家们著书立文了。不过对大众来说，留意一下我们身边正在出现的新生事物，恐怕是茶余饭后一种有益且有趣的谈资吧。

自然的就是好的？

《设计婴儿：生殖技术的美丽新世界》，罗杰·戈斯登著，徐凌云译，王一方、周惠民校，上海科学技术出版社。

有这么一个笑话：美国现代舞创始人邓肯向英国剧作家肖伯纳求爱，理由是想生一个兼有母亲的美貌和父亲的智慧这样的优秀孩子。对此，肖伯纳的回答是，假如孩子不幸却有父亲的容貌和母亲的智商呢？必须指出，这个笑话是对邓肯的不恭，因为邓肯的智慧与她的容貌一样出色。但本文以此开头，是想点明一个极为朴素的生活常识：孩子尽管是父母的行为所致，但主动地选择一个特定的孩子却非父母所能。然而，现代技术正试图向这一传统的常识发起挑战，设计一个婴儿是否可能？它将给人类的未来带来何种深远影响？

1978年7月25日，午夜刚过，世界上首例试管婴儿在英国诞生。对这一事件的意义怎么强调也不为过，因为它是人类通过技术手段成功干预生育过程的开端。随即，各种质疑批评纷至沓来。它们主要集中于：人类生命能否像机器一样被制造？是啊，我们已习惯了技术控制各种非生命或非人类的对象，想不到技术已在不知不觉中控制了我们自身，而且是最为隐秘的过程——生育。尽管媒体对此一片哗然（难免炒作之嫌），但新技术仍在不可阻挡地接连问世：胚胎冷冻；卵子或精子捐献；代孕母亲；对体外受精的胚胎进行采样和基因扫描等。对于绝大多数人来说，自然地受孕，自然地分娩，是一个最为自然的过程。然而，对于那些身患各种生殖系统异常的成年男女来说，除非借助于人工辅助生殖技术，否则难圆为人父母之梦。生育难道不是人的基本权利之一？就此而言，人工生殖辅助，作为一种技术，是该得到社会的宽容还是谴责？看来本书作者是倾向于前一种立场的。

问题是，这些人工生殖辅助技术不仅仅是一种治疗手段，它还能走得更远。比如，借助产前诊断，不仅有助于剔除先天遗传缺陷，它还有助于父母选择一个特定的孩子，邓肯的设想果然有望实现。对此，伦理学家忧心忡忡，因为他们担心人类正在进入一个本该属于上帝的领域。人能否扮演上帝的角色？对此争论颇多。伦理学家通常站在反方立场，其实他们是默认了一个前提：自然的就是好的，因而人不能干预自然的进程。但自然是否就意味着完美？对此，达尔文的体悟极为深刻。自然不仅惊人地挥霍奢侈、残酷无比，而且进化中的不完美也比比皆是，如人类由于直立行走而使妇女的分娩变得困难等。当然，生命体确实有着极为精湛的自我保护和修复机制。即使在经历切尔诺贝利核电站核辐射泄漏这样的事故之后，畸形胎儿的出生率还是远没人们想象的那样高。生殖系统似乎有着一种神奇的能力可以抵御灾害。受精前，绝大多数有严重缺陷的精子与卵子自然地被消灭了；许多异常胚胎也会以自然流产的方式被清除。正是这种运作方式保证了下一代的遗传品质。但自然界从未建立一个绝对完善的监控系统，即使孕妇年轻而且身体健康，仍有大量不完美的胚胎逃过监控导致畸形胎儿的出世。这就意味着生育是一项具有高度风险的事业，对此，人类通过技术之手加以干预，以弥补这一缺憾，似乎无可指责。

众所周知，现代人的寿命明显延长，但妇女的绝经年龄依旧如此。女人不能像男人一样活到老，生到老，这是上苍对女性的恩宠还是不公？一言难尽。通过代孕母亲或卵子捐赠等方式，现代医学试图使女性延长生育期，让她们在功成业就之后，依然能够享受做母亲的乐趣。不过此举也惹来了一片质疑之声，认为让可做祖母的女人勉为其难地去做母亲，是对自然规律的抗拒，得不偿失。但千百年来，一个可作祖父的男人幸得贵子，人们顶多给予道德上的另眼相看，因为这并不违背自然。

对于人类祖先在伊甸园中犯下的原罪，上帝的惩罚是让男人汗流满面才得糊口，让女人必将经历生育的痛楚。事过境迁，今日的成功男士无须汗流满面就可享受富贵生活，而上帝对女人的咒语却仍未失效。不过，科学家正在设想人造子宫，它甚至比天然子宫更好。首先，它的无菌性可避免母亲传染给胎儿细菌或病毒；其次，营养的优化配置可防止因母亲偏食或有代谢性疾病而使胎儿受累；最后，胎儿的动静尽在掌握中，一旦发现异常，即可终止发育或是作相应治疗。还有一个好处作者没有挑明，那就是妇女从此彻底摆脱生育带来的不便和痛楚。当然，这项技术仅在设想中。

总之，现代技术正在不断挑战自然的就是好的这一信念。对此，伦理学家有充分的理由提出种种质疑，以便让技术不致失控。但另一方面，一个必须承认的事实是，人的本性就是由技术所塑造，自从50万年前人类懂得利用火之后，我们就在逐步加强控制自然的力量，以谋求更好的生存质量。技术的本质就是反自然。在此意义上，人与自然的和谐，自然的就是好的等信念该如何才能得到有效的辩护？尤其是，当技术的触角延伸至人类自身时，这一问题就显得尤为敏感和迫切。设计一个婴儿远非当务之急，但借助这一问题却有助于厘清人与技术的关系。

柯林斯的心路历程

《上帝的语言》，弗兰西斯·柯林斯著，杨新平、黄艳、姚磊译， 陈蓉霞校，海南出版社。

2000年6月26日，在人类基因组草图公布的仪式上，当时美国总统克林顿充满感情地说："今天，我们知道了上帝用以创造生命的语言。对于上帝带来的这份神圣礼物中所展现的复杂、精致和奇妙，我们怀有更多的敬佩之情。"当时在场的还有一位重要人物，美国国家人类基因组研究中心主任柯林斯博士，他的著作《上帝的语言》由海南出版社出版。

柯林斯在书中首先回顾了他的成长经历。他出生于一个无神论者的家庭，父母都是自由主义者。小时候父母送他去参加当地教堂的唱诗班，同时提醒说，那是学习音乐的好途径，但对神学则不必过于认真。中学时在老师的影响下迷恋上了化学，大学主修化学并且攻读耶鲁大学物理和化学博士学位。但后来他却转向医学，主要是被生物化学及其分子遗传学所吸引。正是在医学院实习期间，他目睹许多病人，尽管备受病痛折磨，却依然保持宁静，因为他们已把自己完全托付于上帝。这让柯林斯震惊，迫使他重新思考信仰问题。

作为一名科学家，他习惯性地追问，这种信仰有理性的依据吗？幸好从当代儿童文学作家C·S·刘易斯的书中，他找到了这种依据，那就是人生来就具有的明辨是非的能力。在此需要说明，在基督教神学中，上帝以两种形象出现，即造物主和救世主。当克林顿提及“上帝用以创造生命的语言”时，恐怕他更多是指造物主的上帝，正如爱因斯坦或霍金等科学家每每提及的上帝。但柯林斯却有所不同，他从道德律切入，首先认同并且皈依的正是亚伯拉罕的上帝。这是一个人格化的神，担当救世功能，关心人间疾苦，倾听并且回应信徒的祷告。

但有一个问题始终困扰着神学。如果存在一个仁慈的上帝，他怎么忍心听凭他的信徒承受许多痛苦？柯林斯谈到了就发生在自己身上的事情。他的女儿，在医学院读书时，被人用刀按住喉咙而遭强奸。这段经历几乎让他的女儿精神崩溃，但罪犯却逃之夭夭。上帝为何不在关键时刻终止这一恶行的发生？柯林斯得出的结论是，上帝不能任意干扰自然规律的运行，同时上帝又赋予人以自然意志，这就是恶行的不可避免。但这“或许还是一个机会，让我明白自己确实不能保护女儿免遭所有的痛苦和折磨。我不得不学会将它们交托给神。”但一个无神论者也许会这样说，神并未保佑他的女儿平安免灾呀。不过柯林斯却说：“这一经历至少让她有机会和动机为那些有同样经历的女子提供建议和安慰。”事实上，当悲剧已经铸成，能够拥有如柯林斯这样豁达平和的心态，至少更容易化解悲剧带来的冲击。只不过对于一个无神论者来说，拥有这样的心态不是出自于上帝的名义，而是一种朴素的生活智慧。

不过柯林斯终究还是一个科学家，在书中他以相当的篇幅来讨论宇宙、生命及其人类的起源，并且把它们归之于上帝的设计。但必须强调，柯林斯决不认同在美国被炒得沸沸扬扬的智能设计论。根据智能设计论，尤其是生物界，某种智能的有意设计必不可少，由此才可弥补自然选择机制的不足之处。柯林斯决不至于背叛达尔文进化论，他承认：“进化，作为一种机制，可能并且必定是真实的。但这绝不否认其创造者的存在。”那么，自然选择机制与创造者又是如何共存的？在柯林斯看来，正是上帝设计了自然选择机制。因此上帝的智慧决不体现在亲自设计每一个具体的物种或适应性状，正如智能设计论所倡导的那样，而是体现在设计抽象的自然规律，显然这样的上帝形象要更为高明。

作为该项目的负责人，柯林斯在书中还专门辟出一章，用以讨论人类基因组带来的启示。人体的每一套染色体带有30亿个碱基，但人类基因组中大约只有2万~2.5万个基因用于编码蛋白质。与所谓低等生物相比，这是一个令人吃惊的数字，因为线虫体内的基因数与我们相差不大，也是大约2万个，然而线虫总共只有959个细胞！该如何理解这一现象？或许语言提供了一个有用的类比。一个作家不见得比一个中学生认得更多的字或掌握更多的词汇，但正是这些单字或词汇的不同排列组成了不凡的作品。因而基因组的奥秘或许更多体现在它们的调控机制上。柯林斯在书中举了一个例子。编码下颌肌蛋白质（MYH16）的基因，在人类中似乎因突变而成为假基因，亦即不再具有表达功能。但在其他灵长类中，却依然起到重要作用。可以想象，正是这一基因的失效导致人类下颌肌的萎缩，结果就是，为人类头骨的扩大，因而也为容纳更为发达的大脑提供条件。当然这还仅是猜测。但人类的诞生离不开这些相关基因的突变，却是一个不争的事实。当然这些突变还有赖自然选择压力的存在。柯林斯所提供的遗传学方面的例子大大丰富了我们对于人体自身的认识。

不得不看到，当代主流科学家，尤其是主流生物学家，更加容易倾向于成为一个无神论者，但柯林斯却反其道而行之，从一名无神论者转而皈依基督教。与此同时，他又不能放弃自己对科学的热爱。柯林斯写作本书的意图就在于为宗教信仰与科学真理之间提供一条和谐共存之道。宗教与科学之间是否存在这一共存之道？柯林斯是否达到预期效果？相信读者自会做出判断。

宇宙看起来越能理解，它也就显得越没有意义

《仰望苍穹：科学反击文化敌手》，史蒂文·温伯格著，黄艳华、江向东译，上海科技教育出版社。

“宇宙看起来越能理解，它也就显得越没有意义。”此话出自诺贝尔物理学奖获得者温伯格之口，最早见之于他的科普名著《最初三分钟》。在他的近作《仰望苍穹》中，温伯格再次提及这一颇遭非议的名言。就因这句话，宗教徒对温伯格这样的无神论科学家充满贬视甚至敌意。因为从宇宙那不凡的构造中解读人生的意义，进而窥探上帝的智慧和仁慈，正是犹太–基督教体系的基本教义。由此我们可以想象，当哥白尼将地球

从宇宙的中心位置贬为太阳系的一颗普通行星时，当时的教会该是多么震惊，这种强烈反应完全可以理解。不过也有人这样为日心说辩护：日心说使天与地的界限不再绝对，现在地球也成了天上的一颗星，人类的地位岂不是更高贵了？但事实上，这样的辩护方式依然遵循传统的神学模式，即宇宙的构造安排就是与人的特定存在有关。

温伯格极力反对的正是这样一种神创论，在他看来，科学的意义不仅仅在于提供技术改造世界，更重要的，它还改变我们对人生、世界的看法。这种改变，即表现为我们越是理解宇宙，我们就越是明白，它不是出自某个设计者之手，因而对人类来说，也就无所谓意义。但一个宗教徒会这样问：宇宙学中的各个参数是如此恰到好处，以至它们刚好能让人类出现，难道这还不足以证明神意的存在？对此，温伯格回答："你无需求助于仁慈的设计者来解释为什么我们处于宇宙中的一个可能有生命的地方，因为在宇宙的其他地方没人提这个问题。"这就足够了。它让神创论的假设在逻辑上成为多余。宇宙不是为生命而生，生命只是宇宙造化过程中于不经意间而得到的一个幸运儿。用分子生物学家莫诺的话来说，人类就像是孤独的吉普赛流浪者，而宇宙对我们的歌声不闻不问。

然而，我们是否有足够的证据表明，宇宙确非神意设计？用维特根斯坦的话来说，科学告诉我们这个世界是什么，但不能告诉我们这个世界为何是这样。言下之意，涉及为什么这类终极原因时，必须借助宗教才能理解。但温伯格的回答是：科学确实不能告诉我们宇宙的终极原因，但宗教同样不能。“一种宗教可以宣称宇宙是由某种而非他种上帝主宰的，而且它可以为这种信仰提供证明，但它却不能解释为什么应该这样。”就温伯格个人经历而言，他的母亲痛苦地死于癌症，他的父亲毁于阿尔茨海默病(即老年痴呆症)，许多近亲和远亲在“二战”中死于纳粹对犹太人的大屠杀中。因而他看不出上帝的仁慈何在。有鉴于此，温伯格甚至对宗教发出这样偏激的言辞：不论有没有宗教，好人都行善，坏人都作恶，可是要让好人作恶，那就要利用宗教。这一话题太广，此处不宜作点评，但温伯格对宗教的咄咄逼人，由此可见一斑。

现在我们再来体会《仰望苍穹》这一书名，实具深远含义。仰望苍穹，出自于一座雕像，刻画的是弟谷。我们知道，弟谷以其惊人的耐心，其天文观测成就几乎达到了人的肉眼所能观察到的恒星数目的极限。在温伯格看来，弟谷等人所代表的自然科学为我们显示的是一种冷静的世界观，它们是客观的，没有任何迹象表明人类得到什么与众不同的安排或是处于什么独特的地位。因此，仰望苍穹，而不是祈祷上苍，才是人对自然的一种更为理性的态度。但此种姿态的转变，想必会激起不同的反应。祈祷上苍，正是人与自然天人合一、心心相映的见证，不少人类学家、球保主义者正是从此角度呼吁重建人与自然的和谐关系。据说对自然敬畏之情的缺乏，正是导致工业革命以来环境急剧恶化的原因之一。若真是如此，那么，温伯格要带给我们的究竟是一种什么样的自然观？它能温暖和激动人心吗？答案是，能的，它至少能让温伯格这样的物理学家为之激动，这就是牛顿之梦的实现。何谓牛顿之梦？这就是“力图抵达解释之链的根部，力图从人类所能达到的最基本的层次上去把握自然。”一言以蔽之，用统一的自然规律去破译宇宙的奥秘。这条心路历程起始于希腊哲学的源头，其代表人物就是泰勒斯、毕达哥拉斯等人，一路上的足迹绵延不断。为此，温伯格从不为科学的实用性辩护，当人们争议是否值得花44亿美元用于建造SSC加速器时，温伯格的态度是倾向于同意的，理由就在于为基本粒子物理学投资，有助于牛顿之梦的实现。导演这出梦境的基本思路就是实在论和还原论。“除了如我们所用的数学符号那种不重要的东西之外，我们现在所理解的这些物理学规律仅仅是对实在的一种描述。”为此，温伯格对后现代主义的科学观以及女性主义科学观都持反对态度。一旦妇女加入到科学界，他高兴地发现，男性和女性在研究物理学的方法上并没有明显差别。

就对科学的理解而言，温伯格并不把科学当是一项神圣的使命，比如，寻找宇宙设计者的智慧；或是有用的技艺，比如，让人类更舒适地生活。科学无非就是一场智力游戏，谜底就在于用少数几个简单的原则来解释物理学事件，所以，科学只能是还原论的。若一定要说出科学的用途，那就在于它改变了人类古老的对宇宙的看法。但正是这种改变，屡遭人文学者的质疑。温伯格在书中引用捷克前总统哈维尔的话说："我们对宇宙的了解比我们的祖先了解的要多得难以估量，可是似乎越来越明朗的是，他们知道的是比我们知道的更为本质的东西，有些东西避开了我们的视线。"对此，温伯格的回答是，科学告诉我们宇宙没有意义，但决不可从中得出人生没有意义的结论，即便科学不能为我们提供价值观，它也不能让价值观丧失。温伯格欣赏的价值观就是彼此相爱，欣赏美丽以及科学地认识宇宙。毫无疑问，一个无神论者尽管不认为生命就是宇宙何以存在的意义，但他同样可以热爱生命、欣赏生命，哪怕它转瞬即逝。

最后还想补充一点，就是温伯格对所谓科学方法的看法。他曾听一位中学教师自豪地说起，他们不仅仅传授科学知识，还传授科学方法，对此，温伯格说，他不认为有什么科学方法之类的东西。这就好比一个骑自行车的人，从不会想到如何让自己来保持平衡，对此想得过多，只会摔跟头。也许真正的大师果真是不需要科学方法之类的东西来指点的。那么对于常人呢？我不敢对此妄加评论。但它至少提醒我们这一事实：所谓的科学方法从来也不能脱离于科学事实而存在；此外，吸引读者的，只能是鲜活的科学事实，而不是教条式的科学方法。

科学与游戏

《创世纪的第八天》，霍勒斯·贾德森著，李晓丹译，郑仲承校，上海科学技术出版社。

大学时代的生物化学课程并没给我留下多少激动人心的内容，印象较为深刻的倒是这门课程中老师所用的教学模型，记得在讲述蛋白质合成这一节时，老师在黑板上用一些硬纸板做成的模型来直观演示蛋白质的合成是如何得以进行的。当时没有多媒体这类现代化教学设备，类似小孩玩具的纸板模型令我们过目不忘。教学目的确实达到了，至少当时我们记住了蛋白质合成过程的细节。但随着考试过后对知识点的遗忘，这些内容对学生来说，仅剩下一些抽象的概念，想说爱它不容易！

刚刚读完《创世纪的第八天》一书，这是一本记述分子生物学成长的科学史读物，分量极其厚重，我完全被书中所描写的人与事所吸引，原来在教科书上所描写的蛋白质合成过程背后，有多少精彩动人的故事可细细品味。比如，是理论物理学家查伽夫设想有遗传密码的存在；是克里克猜测一定有tRNA的存在；是另一位不怎么出名的遗传学家猜测有模板(即mRNA)的存在；等等。当这些设想最终在实验室中得到验证，那是多么激动人心的时刻。科学是场游戏，它需要纯正的投入。对谜底的疯狂追求就是科研的不懈动力。一个不幸的事实却是，伴随着成长，我们的生活中已少有游戏。游戏的纯正定义就是超脱于功利目的去寻求谜底的解答，最先寻得答案的即为优胜者，他能获得的最好奖赏就是寻求过程中好奇心的满足以及来自同伴的激励和赞赏。然而，在当今社会，这样的游戏品质似乎已在人间烟火的熏烤下蒸发了。一部分子生物学的创业史，却让我品尝到了这一久违的游戏精神的表达。

操纵子模型的提出者雅各布说，我们像是游戏的孩子，那就是为什么最好的科研成果是由年轻人做出的理由。雅各布本人与遗传学的相遇就是一个极为生动的例子。他早年学医，理想是成为一名外科医生。但在读了薛定谔的《生命是什么》一书后，得到了一种感觉，认为遗传、核酸及细菌会是有趣的。

于是，他试图进入法国的一家遗传学实验室，以便能研究这些问题。经莫诺的推荐，他找到了利沃夫，想在他的实验室工作。他接连上门7~8次，每次都告诉利沃夫，他对遗传学的希望、无知和热心，但每次利沃夫都不为所动。最后一次，那是1950年6月，还未等雅各布开口，利沃夫就激动地告诉："你得知道，我们发现了原噬菌体的诱导！"雅各布投入所有能想象的惊奇，暗自问自己：原噬菌体是什么东西？只听利沃夫问："研究噬菌体会让你感兴趣吗？"雅各布结巴地说："那正是我所期待的。""好，那你9月1日来。"求职面试就这样通过了。雅各布下楼即转身钻进一家书店去找词典。可见进入学术的殿堂无须更多的资格证书，兴趣和一定的天分足矣。

毫无疑问，科研的动力就是被这种纯真、近乎童稚的好奇心所激发。在这一过程中，谜底本身所散发的神秘气息令科学家心向往之。对待神秘，有两种不同类型的科学家，比如，发现DNA中碱基比例的化学家查伽夫，他欣赏科学的美丽，就是因为这种神秘性的存在，他是如此热爱这种神秘性，以至不能容忍来个兜底揭秘，令它完全消失。生物学中经久不衰的生机论恐怕就与这种情结有关。至于克里克，他之所以转向生物学研究，一个重要原因即在于他是一个无神论者，他毫不在乎让光明投向长久以来被生机论所笼罩的生命圣地。也许是另一种神秘性让他激动，那就是当生命现象完全被物理、化学机制所描述时，对人的智力所能达到的某种境界的一种陶醉。所以，当分子生物学的辉煌已成过去之后，克里克随即转向对生命现象的另一神秘王国——神经系统——的研究。

还有一种区别值得一提。克里克与德尔布吕克，都是以物理学家的身份转向生物学领域。对于克里克来说，他被生命现象所吸引，是因为想到生与死的界限，他要以“死”来定义“生”，亦即用物理学机制来解释生命，DNA双螺旋模型就成功地做到了这一点，该模型的优美即在于，互补的碱基对如此明白无误地暗示着复制机制的存在，以至于结构本身就在无声地诉说着功能的过程。但对于德尔布吕克来说，却是希望通过研究生命现象来找到新的物理定律，或者说，以“活”来定义“死”，其实这也是薛定谔写作《生命是什么》一书的初衷。两者尽管殊途而同归，但后者的目标却以失败而告终。就自然现象而言，谜底的洞穿只能通过以死来定义生而达到，这就是还原方法的价值所在。分子生物学的成功再次证明了这一点。

本书书名极富寓意。《创世纪的第八天》，一看便知来自圣经故事，上帝创世是在七天中完成，第八天显然就是人的出场了。由分子生物学革命所惹出的关于基因工程的争议如今正闹得沸沸扬扬，人能不能扮演上帝之类的争论也正在深入。但本书所提供的一个信息却明白无误：人类基因组计划也好，基因工程也好，其初衷绝对不是为了商业利润，或表现人类的控制欲望。科学家在第八天的出场，犹如一群顽皮的孩子在上帝搭就的舞台上投入一场游戏：看谁能在揭谜过程中胜出。

这绝对不是在贬抑科学。恰恰相反，游戏是人生所能达到的最高境界，因为它摆脱了所有低级的功利趣味。就此而言，不妨将科学精神归结为游戏精神。

美丽新种子：美丽的谎言？

《美丽的新种子：转基因作物对农民的威胁》R·A·B·皮埃尔、法兰克·苏瑞特著，许云锴译，王毅校，商务印书馆。

手头刚放下温伯格的力作《终极理论之梦》。作为一名与爱因斯坦、霍金同道的理论物理学家，温伯格对破译宇宙之谜充满了热切的期待和充分的信心，借用《圣经·旧约》中的表述：有律在，必须发现它。于是，科学最大的愿望就是能将所有自然现象的解释溯源至最后的理论和历史事件，这就是终极理论之梦。人类那高尚的天性就在于不断追问或逼近源头之谜，因而终极理论具有永恒的召唤力。从这样美好的梦境中醒来，我拿起了另一本书《美丽的新种子》。然而，书名中的美丽恰恰映衬出现实的冷酷，这就是书的副标题所指——转基因作物对农民带来的威胁。

说起转基因或基因工程，哺育它的精神乳汁正是科学家们的终极理论之梦。20世纪生物学的骄人业绩就是对生命的遗传密码DNA奥秘的不断逼近。然而，这一过程在满足人类好奇之心的同时，更是催生了人类的贪婪之心。当然，在实验室为生命奇迹所陶醉的科学家们是不会滋生这一非分之想的，而嗅财之感格外敏锐的企业则立刻捕捉到了其中的商机，这就是利用实验室中的转基因技术来重新打造农作物，进而以巨无霸的姿态一举抢占市场。美国的孟山都公司就是一例。这家公司本以开发化工产品为主，生产诸如除草剂、杀虫剂之类的农业用品。但传统的农药有一个很大的局限，这就是它不分青红皂白从而殃及作物本身。基因工程的兴起让这家公司的技术人员有了一种新的思路：通过转基因技术，使作物获得抗农药的性状。这是一种全新的开发和营销策略，现在公司可将这两种产品（农药和特定的转基因作物种子）捆绑在一起销售给农民，农药对改造过的作物不再起效。听起来这对农民及消费者都是福音，因为农药的污染早已成为我们的心病。但是且慢，若农民来年再复种这些转基因种子，岂不就断了公司的可持续利润？这一问题起先通过法律手段加以解决，孟山都公司在获得转基因种子的专利之后，在销售时与农民签订协议，禁止来年复种转基因种子，一旦被人告发或被察觉，将在法庭上对簿公堂。不过如今这一问题已有更好的解决方法。1998年3月，一项新的生物技术专利获得批准，该技术可以阻止收获的种子发芽。这就是所谓的终结者技术，它相当于对种子施行绝育术，其原理依然有赖于转基因技术。于是，农民一旦播种这些种子，他们就此被套，从此以后必得年年去公司买进种子。现在，种子的所有权不再归播种者拥有，而是归大企业垄断。

由此带出了一系列的争议。转基因技术是一种安全的技术吗？对种子申请专利有悖道德吗？如孟山都之类的大公司真是以“为民造福、供养天下”为己任吗？新技术能让更多的穷人不再挨饿？先听听企业方面的表白，孟山都公司的一位技术负责人如此向公众描绘转基因技术带来的好处：在同样的土地上可以生产更多的粮食；减少了收获后粮食的损失；不再全面依赖杀虫剂、化肥等化工产品的投入；等等。听起来够诱人，这样的种子还不美丽？但与此同时，理性的质疑也从未中断，本书反映的正是来自农民及环保人士的声音。反对方的理由何在？这可从几个层面加以讨论。就生态学层面而言，不同于传统的育种技术，转基因技术打破了物种之间在长期的进化过程中建立起来的天然屏障及平衡，由此得到的新品种因未经生态系统的筛选考验，它的未来潜能是好是坏难以评估，更何况大面积的专一播种还会破坏生态系统的多样性；就政治学层面而言，饥饿从来都不是生产量不足的问题，而是获得和分配机制出了问题，显然生物技术不足以成为发展中国家穷人的福音，但令人揪心的是，贫穷的国家都有这样一个趋势，他们更在意工作的机会和获取外部投资，而不在乎土地和环境的损害，这无异于是饮鸠止渴，并为发达国家大公司的倾销及霸占市场铺平了道路；就伦理学层面而言，种子本是人类共享的财富，是先人的馈赠，上苍的礼物，怎能眼睁睁地看着它成为少数公司的专利所有？

这样的质疑是否有杞人忧天或怀旧保守之嫌？要知道，工业文明带给我们的期盼就是，正是层出不穷的新技术会让明天变得更美好！经济学的基本假设还告诉我们，正是个人（或企业）对自身利益的追求维持了市场的运转；而私有财产的合法化也正是近代文明不断成长的动力所在。即便孟山都这样的大公司就是为巨额利润而来，在现代社会的体制中它依然可以为自己合法谋利。但问题的另一面却是，正如自由主义经济学大师哈耶克所强调，市场的健康运转少不了法律和道德的双重制约。企业追逐自身利益本无可非议，但社会由各种利益集团组成，这时不同利益的博弈、妥协就成了政治的艺术，也是社会和谐的保障，在此确保各利益集团平等存在的法律就不能缺席；财产的私有化也无不当，但关乎到种子这类非同寻常的对象，道德则不能失语。

本书集中于对转基因作物的评判，民以食为天，这类话题自然该引起广泛的关注。不过它还提醒我们关注商业和政治的关系，社会中绝不能只听见由强势集团发出的声音，哪怕它亮出专家或权威人士的招牌，打出造福全民的旗号，但终究只是美丽的谎言。事实是，每一利益集团都有自己的私利，若是听凭甚至纵容这种私利过度膨胀，失重的社会迟早会面临触礁之险。

不可预测：世界因此而更精彩

《临界：为什么世界比我们想象的要简单》，马克·布查纳著，刘扬、陈雄飞译，吉林人民出版社。

在当下的季节，若要问电视的新闻屏幕上出镜率最高的是谁，答案是出乎意料的简单：气象台的首席预报员。大众如此关心气象，但气象预报却常常与人捉迷藏，该来的风雨它不来，而突如其来的暴雨恰似当头给我们泼一盆冷水。我们如此信任科学，可科学为什么偏偏不领这个情？当然，问题也许仅出在气象科学身上。看看天文台对日食、月食等现象的预报，简直是料事如神、分秒不差。这样的科学才让我们满怀敬意。

可气象科学为何至今没还混出模样？难道是它的落后所致？

问题不在于气象学的落后，而在于科学的预测本来就面对两类现象：一类是确定性的现象，其典型表现就是天体的有规律运转，所以，自古代时候起，天体就是挂在天空的时钟；另一类则是不确定的现象，如旗帜在风中的飘动，一缕轻烟的冉冉上升，云彩的变幻无穷，乃至股市的无情涨跌，战争的一夜爆发等，其实这类现象在生活中更为常见，它们就是混沌现象。混沌的典型特征是其不可预测性。这种不可预测性是由于对初始条件的敏感依赖性而带来。什么叫对初始条件的敏感依赖性？一首西方的民谣可作证：缺掉一枚钉，坏了一只蹄铁；缺少一只蹄铁，跌翻了一匹马；翻了一匹马，死了一个骑马的武士；死了这位骑马的武士，失去一场战争的胜利；失去了这场战争，亡掉了一个帝国。一场惊心动魄的亡国悲剧的发生，最初就源于一枚铁钉的缺失！这是否有危言耸听之嫌？否。

20世纪60年代有一位美国科学家洛仑兹试图通过计算机来模拟大气运动情况。为了想验证一个长时段的数据变动情况，他走了捷径，没有从头开始，而是从中间启动输入一段初始参数，然而，一个小时后的结果使他大跌眼镜。程序、数据丝毫未变，但结果却与上一轮迥然相异，仿佛是两类完全不同的气候类型。问题出在哪儿？原来在计算机的内存中，一般有着6位数，506127，但在打印时，为了节省空间，他只打出了前面3个，

506，于是，后续结果就此改变得叫人无法相认。这种对初始条件的敏感依赖性就是气象预报，尤其是长期预报无法可靠的根本原因。因为体系中哪怕是一个微小参数的改变就会使以后的过程面目全非。这正应了中国的一句古话：差之毫厘，失之千里。

混沌现象的不确定性还与非线性有关。所谓线性就是呈比例的关系，它是可解的，因而也是精确可测定的。比如，计算一个光滑系统的能量就是一个线性方程。但是，当引入摩擦时，方程就变为非线性。这是因为能量与运动速度有关，摩擦会影响运动速度，而摩擦本身又取决于运动速度，可见这是一种相互缠绕的关系，彼此互为因果。打个通俗的比方，非线性就意味着你在做游戏时，同时又不断改变游戏的规则。所以，这是一个难以预测的体系。股市就是一个例子。当有人作出预测时，股民立刻闻风而动，于是，预测时所基于的条件全部改变，预测顿时失效。近代科学始于伽利略，伽利略的过人之处就在于当他考虑问题时，忽略了所有的摩擦因素，从而将对象置于理想条件之下，此时的方程全部化为线性关系。这是近代科学成功的奥秘，这种成功在对天体运动的预测上达到登峰造极，这是因为天体的运动确实处于这种理想状态之中。但同时这也是近代科学的局限，因为它与我们身边的或地上的物体运动相差太远。

我们的周围有着太多无法预测的突然事件。近日读到的《临界》一书就向读者绘声绘色地描述了这类事件的发生。一场不期而至的地震；一场肆虐千里的森林大火；进化史上大量物种的突然灭绝；乃至人类社会中股市的波动、战争的爆发，它们从表面看似乎毫无关联，但究其实质，却都是混沌现象的出色体现，世界确实要比我们想象的更简单。一场惊天动地的灾变（或是革命）只是起于最初微小因素的不经意积累，当这种积累到达某个临界点时，结果不可收拾。至于以何种方式到达临界点，则难以预测，也许是一枚铁钉的缺失（导致亡国悲剧），也许是森林中的一次闪电（导致来势汹汹的森林大火）。在本书中，作者就以这一例子作为开头：第一次世界大战源于这一极富戏剧性的情节。载着奥匈帝国弗兰兹·斐迪南大公和他妻子索菲娅的马车不小心走上了一条岔路，它正好与塞尔维亚的一名黑手党成员相遇，这位年轻人实在不敢相信自己的好运，他掏枪，从容击毙了车上的两名显贵。“一战”的序幕就此拉开！

最后值得指出的是，对于初始条件的敏感其实也就意味着体系具有记忆能力或历史意识，现在发生的一切永远也不会被冲刷掉，而是会影响未来的整个过程。这就是时间的出现。时间是对过去的记忆，时间也是对未来的开放，时间就意味着一切过去的再也不能重来。混沌学就这样与历史挂起钩来。

经典物理学曾以料事如神而赢得大众的信任。但是，混沌学的兴起却粉碎了这一神话。对此，我们是该庆幸还是沮丧？毫无疑问，我们当然该庆幸生活在一个不可能料事如神的世界中。要知道，正是不可预测性，带来变化，带来转机，带来风险，同时也带来希望。而人正是生活在希望之中的。福柯曾如此说过，人生和爱情这场游戏之所以值得玩，就是因为它的结局是不可知的（大意）。

世界，因不可预测性的存在而更精彩。

霍金想要告诉我们什么

《大设计》，史蒂芬·霍金、列纳德·蒙洛迪诺著，吴忠起译，湖南科学技术出版社。

数学家哈代曾这样说过：当一个数学家坐下来谈论“关于”数学是什么时，则表明他已年老了。对此或许可以这样来解读：当一位科学家愿意谈论关于科学是什么，或者说反思科学时，表明他有回到科学源头的冲动，他的精神家园在向他发出召唤，那就是哲学。对于西方哲学这棵大树来说，科学就是其分枝上结出的果实而已。

霍金的新著《大设计》就是这样一本书。开篇首章，先讨论一个基本的哲学概念——实在。眼下你正在读这篇文章，手上的报纸或眼前的屏幕就是某种实在，你完全可以相信，即便你放下报纸或离开屏幕，它们依然存在，而不会无缘无故地“人间蒸发”。这就是常识意义上的实在。但若进一步追问，我们就会发现，对实在的感知，首先要通过我们的感官，贝克莱的名言“存在就是被感知”强调的就是这一点。但事实上还有大脑，大脑负责对感官信息进行必要的处理，用霍金的话来说，“我们的头脑以构造一个世界模型来解释感官的输入。”当这一模型能够成功地解释事件，我们就认定这一模型具有“实在”的品格。比如当我放下报纸去泡茶，回来之后再重新拿起这张报纸。我可以认定，在我离开时，报纸依然存在；但我也可以认定，在我离开时，报纸消失了，只是在我回来时，它又出现了。这就是两种不同的模型，显然前者更方便实用，常识意义上的实在观，或者说永恒客体概念即源于此。

在此基础上，霍金强调，科学理论同样是一种模型。比如，日心说和地心说，作为模型具有同样有效的解释能力，但前者的优势在于，它的运动方程要简单得多。因此霍金的结论就是，“不存在与图像或理论无关的实在概念”。就此而言，爱因斯坦也完全认同这一观念。比如，爱因斯坦谈到，有两种空间概念，一种把空间看作是一种位置的确定，如河边有棵树；另一种把空间看作是物质的容器，如箱子里放有东西那样。

前者的逻辑推论就是，不存在虚空；后者则允许虚空（或绝对空间）的存在。在爱因斯坦看来，这两种空间概念都是人类对经验提升后得到的认知产物，而牛顿力学恰好也只能基于后一种空间概念。

那么，经典物理与量子物理的分歧在哪里呢？先看爱因斯坦的表达："在牛顿的理论中，实在是由空间和时间里的质点来表示的；在麦克斯韦的理论中，是由空间和时间里的场来表示的。在量子力学中，可就不是那么容易看得清楚了。"（《爱因斯坦文集》第一卷，商务印书馆，1994年，P36）爱因斯坦的意思是，量子力学中的波函数，对应的却是一个概率而非确定的值，因此这正是量子力学的不完备之处。用一句通俗的话来说，上帝绝不可能玩掷骰子的游戏。

霍金在本书中详细介绍的双缝实验，正是对此问题的回应。假设有一道墙，墙上有两道缝，每道缝的宽度正好比一个球略大些，墙的后面放有一张与墙平行的网。再假设有一个球员，站在前面对着墙射球。尽管大多数时候射出的球会被墙弹回，但总有球会刚好通过缝隙落在后面的网上，其路径形成一道扇面。现在想象一下，在仅打开一道缝隙的情况下，相应地就会形成一道扇面；当两道缝隙都打开时，因为球也可以从另外一个缝隙通过，因此情况就相当于每道缝隙分别打开时观察到的两种情况的简单相加。注意这一想象基于并且符合我们的日常经验。

但这一想象在量子世界中不再适用。假设现在射出的是粒子，当双缝都打开时，某些粒子确实从另一道缝隙中通过，但相应的却是，落在另处的数目却减少了。也就是说，当双缝都打开时，两条路径会彼此影响，结果当然不再是两种情况的简单相加。若套用日常经验，就是想破脑袋也无法解释这一现象。但它却符合光的干涉现象。亦即，若射向墙的是两道光束，屏幕上得到的即是这一现象。这就是说，粒子表现出波的行为。难怪费曼说，双缝实验“包含了量子力学的所有秘密”。

根据牛顿物理学，每个粒子从源到屏幕都有一条明确的路径；但在量子物理学中，却不存在这样一条明确路径。或者用费曼的话来说，不是没有这样一条路径，而是粒子采用连接两点之间的每一条可能的路径。当两道缝隙都开放时，粒子穿越一道缝隙的路径会和穿越另一道缝隙的路径发生影响，从而引起干涉现象。当我们把所有路径的波叠加在一起时，就得到粒子从A开始到达B的“概率幅度”，而概率幅度平方则给出粒子到达B的正确概率。

需要指出的是，我们在日常世界中也使用“概率”这一概念。比如，向上抛一枚硬币，我们无法准确预言哪一面先落地，但我们可以给出概率层面的预测，即正或反面先落地的概率均为50%。但这种概率式的预测确实是一种不完备的描述。若我们能够精确测出每次投掷时的各项参数，比如用力情况、空气流速等等，那么从理论上来说，其结果应该是可以预测的。事实上难以做到是因为全部初始参数的准确测定是一项难以完成的工作。但对于量子事件来说，概率却是其内禀性质，它反映了自然事件本质上的随机性，而非描述的不完备。由此还可做出一个推论：给定关于此刻的完全数据，牛顿定律允许人们计算出过去的完整图像。这也符合人们的直观常识，未来可以想象，过去却无法改变。但在量子物理中，（不被观测的）过去，正如将来一样是不确定的。这就意味着，你现在对一个系统进行的观测会影响它的过去。再推而广之："宇宙如同一个粒子，不仅有一个单独的历史，而是具有每一可能的历史，每个历史具有自身的概率；而且我们对其现状的观测影响它的过去并确定宇宙不同的历史。"

量子物理的结论完全颠覆了我们的常识。经典物理与量子物理的分歧即在于此。爱因斯坦不能接受的正是量子世界中的随机性，在他看来这是一种不完备的描述。当然爱因斯坦也知道，这种分歧的深层根源在于信念的不同："我不认为当代物理学家的这种信仰在哲学上是可以驳倒的……在这里，我只好信赖我的直觉。"（同前，P515）但仔细想来，更深层的根源恐怕在于，爱因斯坦无法摆脱经验常识所提供的认知框架，他称之为直觉。

量子力学所揭示的世界，是一个常识断然无法想象的世界。

要想象波/粒对偶性，就如想象沙粒可以喝下去那样不可思议。而爱因斯坦所谓完备性的描述，其实也基于宏观或日常世界的经验提升，因此他无法从直觉上相信量子事件的随机性是一种内禀性质。在他看来，“整个科学不过是日常思维的一种提炼。”（同前，P341）全部的症结就在这里。这就好比，经典科学依然是人类坐井观天的产物，井壁就是我们的日常思维，而量子力学却突破了这一限制，“实在”可以不再与我们的感官经验相对应，而只是一种“图像或理论”。这正是霍金想要表达的重要主题。

既然书名为《大设计》，可见霍金对于宇宙起源问题依然耿耿于怀。正如霍金所说，这本来是哲学要关注的问题，但哲学已死，因此重任就落在物理学家身上。当然哲学依然健在，死去的是自然哲学。若假设宇宙有个开端，也就意味着无中生有如何可能。霍金在最后提到，引力作为一种负能量，为此提供了可能性。具体的专业讨论非本文所能展开。但若从哲学的角度来点评，正如海德格尔所指出，“无”是“有”的缺席，换言之，正是在“有”的对照之下，我们才能想象“无”的存在。正如“零”作为一种数学符号反而更难、也更晚才出现一样。若循此思路，倒是“有”中生“无”呢。那么，霍金苦思冥想的那些问题——为什么是存在，而非一无所有？我们为什么存在？为什么是这一族特殊的定律而非别的？——还有意义吗？

现代医学与死亡

《我们怎样死：关于人生最后一章的思考》，舍温·纽兰著，褚律元译，世界知识出版社。

中国传统文化极其忌讳谈“死”，孔子说，“不知生，焉知死”。然而，在我的面前却赫然摊着一本书——《我们怎样死：关于人生最后一章的思考》。确实，对死亡的恐惧几乎是每一个人与生俱来的本能，然而，死的神秘又不时在我们的心头闪现，令人生出一份悲壮哀婉的遐思。

著名的哲学家费尔巴哈曾经说过，人如果没有死亡，就不会有宗教。宗教向人承诺的“天堂”、“永生”使死亡成了进入另一极乐世界的关口，从而在一定程度上克服了人们对于死亡的恐惧心理。汉民族是个宗教情感淡漠的民族，我们少有对彼岸世界的追求，故此我们就把长生的希望放在了尘世，从秦始皇的追求长生不老药到后来的种种炼丹术，其目的都是为了摆脱死亡这一挥之不去的梦魇。

然而，面对死亡，人们的种种努力无异于以卵击石，而尘世的永生则像是水中的月亮，遥不可及，除非我们是一个宗教徒，相信彼岸世界的永生。但是，现代科学却把人类追求永生的愿望放到了一个突出却又是困惑的位置。一方面，生物科学告诉我们，任何物种以及物种中的个体都处于一个有生有死的过程之中，人类这个物种以及每一人类个体自然也不能逃避这一命运。但是，另一方面，现代医学似乎又拒不承认老化乃至死亡这一无情事实，它向大众灌输的信条是死亡总是由某一种疾病带来，而医学的努力、医生的职责则在于成功地攻克每一种疾病。当然由于医学在某一方面的局限，所以，病人最终总是因“抢救无效而不幸死亡”。但是，现代医学又总是在向公众承诺，随着基础科学的进展，我们终有一天能够彻底阐明老化以及死亡的机理，不用说，它们最终当然也能被战胜。其实，当公众为基础医学的研究成果而感到欢欣鼓舞时，我们每一个人的内心深处或多或少都怀有这一愿望，企求人类长生不老的梦想能够实现。这正是披着现代医学外衣的炼丹术。

正是在这一思想的指导下，现代医学与传统医学正在分道扬镳。在传统医学中，医生与病人信奉的是“治病在人，生死在天”，亦即承认自然规律的不可抗拒。然而，在现代医学中，医生高高突出治病这一目的，把病情看作是敌人，必欲攻克而快之，甚至不惜违背自然规律。本书作者即是一位行医多年的医生，他曾治过这样一位病人，这是一位92岁的老人，住在老人疗养院里，虽然她神志还清醒，但因严重关节炎和下肢动脉硬化血管阻塞，无人扶持不能行走，为此，住在有护士护理的单元中。一天，她突然倒在地上失去知觉，经检查发现腹腔内大量充气。诊断很明确：无疑是消化道穿孔，极大可能是十二指肠溃疡，刚好在胃下边。病人当时神智清醒，她拒绝动手术。因她认为自己在这颗行星上待得太久了，她身边已没有一个亲人。然而，医生关注的是面前这个病人所患的病，而不是活生生的人，医生认为，手术以后的生存率是1/3，而不动手术，则无疑只能走向死亡。医生认为病人值得考虑这个建议。最后，病人抓住医生的手说，“我要开刀，只是因为我相信你。”手术一周后，病人情况好转，最后她的头脑完全清楚，这时，她毫不犹豫地对医生说，医生是在欺骗她，因为如果她知道动脉硬化的老年病人在重症监护室内需要忍受哪些事情后，必定会拒绝可挽救她生命的外科手术。两周后，这位病人因突患大面积中风，一天内就死去了。后来作者才知道，病人当初的同意只是不想得罪医生。

在这个病例中，医患双方的冲突在于医生关心的是治单个的病，从而抛开了具体的人；而对于病人来说，她更需要的是体面、无痛苦地走完人生的最后旅程，而不是为了配合医生的职责从而在这个世界上苟延残喘地多活几天。前者代表的正是现代医学的立场，突出治病，忽视病人。后者则反映了自然界的心声，人死不可抗拒，每一个人都有权利趁他清醒的时刻决定自己的最终旅程应如何度过。可见现代医学已使病人（更确切地说，是疾病）成为一种要战胜的对象，正如同现代科学把自然看作是欲征服的对象一样。当疾病、死亡、老化等诸种自然现象成为客体之后，它们就不再与活生生的人、人生、社会乃至宇宙的进程相连，现代医学完全成了一种高技术，而不再体现为对人的最深刻关怀，对命运的最深切同情。

一个无情的事实是，在现代社会，每一个人的出生离不开医院，死亡同样离不开医院。在各种各样装备精良的医学仪器的包围之下，不仅临终病人在最后时刻不想孤单死去的愿望再也无法得到满足，而且这种做法还反映了我们的社会拒绝承认死亡、不敢直面死亡的病态心理。生命之火终究要熄灭，正如作者所言，“所谓的中风、心肌梗死或败血症，只不过是至今我仍还不清楚的物理化学因素的某种选择，其目的是把帷幕降下一步来，这时表演已非常接近收尾，尽管截至此时这位老人看起来还蛮健康。”

然而，我们总是力图从技术的层面去阐述老化、死亡的机理，以至于我们全然漠视了死亡作为一种存在的神圣一面，这不再是技术的对象，它就是存在的真理，死亡是上帝的安排，是自然的杰作，生和死原本就是相通的。正如哲学家蒙田所说，“你的死亡是宇宙秩序的一部分，是世界生命的一部分，是让你诞生的一个条件。”“研究哲学就是要明白死亡，把地方腾给别人，就像别人把地方腾给了你。”

有一首小诗说得好，“因为生命的机会，我看到了山，看到了水。”然而，生命有限，这才让我们深刻体验到生命中的种种价值所在。正因为在我们的一生中只能去做有限的、值得做的事，我们才会有做事的紧迫感，才有机会的可贵，才有选择时的慎重，才有危机面前的压力，也才有得到的欢愉、失去的痛苦以及刻骨铭心的爱。

在此意义上，我们才能说，珍重生命，因为生命只有一次，因为生与死共存。

叁

社会·文化·反思

无论科学家还是哲学家，都是社会生活的一分子。

周遭的世界和文化现象就像飓风一样裹挟着我们每一个人。

本篇就是以一种火一样的热情，把理性和直觉、知识和情感都调动起来，

运用自由的、哲学的、科学的、进化论的各种观点，将其独有的视角，

瞄准了周围的社会生活和文化现象，或贬抑，或褒扬，或情绪激昂，或心平气和，

都能使我们沉思，都能使我们获益良多。

女权主义在中国：任重而道远

《女权辩护：关于政治和道德问题的批评》，玛丽·沃斯通克拉夫特著，王瑛译，中央编译出版社。

长期以来，基督教是如此告诫婚姻中的男女的：因女人取自男人体内的一根肋骨，故丈夫爱妻子就应如同爱自己的身体；而妻子则当顺从丈夫，因为丈夫是她的头脑。难怪基督教能吸引那么多的信徒，就它的婚姻观而言，对于围城中的男女来说，若是能将此奉为金科玉律，婚姻生活还是不乏浪漫温馨和亲情的。但是，西方自17世纪启蒙运动以来，人权观念日渐深入人心，正是在这一氛围之中，女权意识逐渐苏醒。妇女要求有与男性同等的政治、经济权利，此乃人权观念的应有之意。于是，一些前卫的女性，还包括某些见识卓著的男性，开始挺身而出，反对女子对男子的依赖和顺从，为妇女的独立权利进行辩护，女权运动呼之欲出。写过《论自由》的19英国哲学家密尔曾一针见血地指出，与所有其他的主奴关系不同，夫妻关系还多了一层浓浓的亲情，话虽尖刻，却深刻过人。18世纪英国女作家、以争取妇女教育平等和社会平等而闻名（其实她还有一个闻名之处，就是作为诗人雪莱的岳母）的玛丽·沃斯通克拉夫特曾写有《女权辩护》一书，竭力抨击传统道德赋予女性的柔弱形象和女性对男性的顺从义务。为此，她呼吁女性应该享有与男子同等的受教育权。只有受过教育的人才会拥有理性，而只有拥有理性的人才能独立自主，并作出正确的判断。有意思的是，玛丽还反对历代文人赋予女性的多愁善感形象。在她看来，为生活中的花开花落之类的平凡小事伤感动情，恰恰表明女性的视野天地太狭窄，她囿于一家一己，才会关注身边的琐细之事。因此，妇女只有投身到社会事务之中，她才会像男人一样心胸开阔。这一见解对女性特有的娇羞之美似乎是一种冒犯，但细加思索，却不无合理之处。现实生活中发生的太多事例让我们看到，当一个男人失去婚姻后，他往往还有工作事业可作为重心；然而，当一个女人失去婚姻之后，她常常痛心彻肺，因为对她来说，整个生活的根基都崩塌了。人们常常归之于这是女人恋家天性的反映，但是，玛丽却指出，女人恋家是制度的塑造而非天性使然。因为社会从不鼓励妇女走出家门，投入社会，去做一个独立自主的人。

值得庆幸的是，女权主义在今日终成正果。对于新中国的妇女来说，与男子同等的政治和经济权利，至少在法律上，我们都拥有了。难怪女权主义在中国更多只是学术界的一个名词。然而，现实生活却不时在提醒我们：女性地位的低下依然是挥之不去的阴影。那根子在哪儿呢？当然，长期的男权社会，其根基已是盘根错节，一时难以彻底清除，这是原因之一。但就中国的实际情况而言，却还有我们的国情所限。众所周知，女权主义是舶来品，在西方，它是启蒙运动的产物。先有大前提，人都拥有独立的权利，再有小前提，女人也是人，才有结论，这就是女权的崛起。由于未经启蒙运动的洗礼，故权利的观念在我们这儿相对缺乏，不要说女人，就连男人在此也常常迷失方向。说到权利，一个基本的要素即是，权利与责任不可分离，当人拥有自己做主的权利时，他也就承担了为自己负责的义务。曾看过一部好莱坞大片名叫《时光隧道》，其中有一对中世纪的主仆，因为吃错了药，走在时间前面，有幸来到了现代社会，其间发生的种种误会使影片笑料迭起。但我深记的却是一句台词，当那个仆人因为与现代姑娘相爱，决定离开主人不再返回中世纪时，他猛然间惶恐地问道：现在谁来保护我呢？这乃是意味深长的一问。我们常常忽略这一点，这就是权利的获得其实也有代价，那就是可作依赖的靠山的失去。

曾在报上读到一则小故事：一个中国姑娘与一个美国小伙子相爱，他们决定去美国安家。姑娘说，我抛亲别友跟你到一个陌生的国度，那可是我作出的牺牲；但小伙子却说，不，这是你做出的选择。一词之差，牺牲和选择，却折射出两种思维模式的差异。前者是一种顺从献身，而后者却是一种自主权的运用。牺牲需要有对方的回报，哪怕是道义上的；选择的后果则完全由个人自己承担。顺此思路，一个中国读者也许很容易得出这一结论：那个美国小伙子靠不住。但我却欣赏小伙子的回答，因为只有为自己负责，日久才不会后悔呀！这样的事例在现实生活中不难见到，但引用电影中的情节也许更让读者熟悉。《一声叹息》中的女主人公，那个不幸丈夫有外遇的少妇，她发出了如此的质疑怨叹：我18岁时就跟了你……后面的话无须引用，但作为18岁的成年人，她为何要别人为自己的命运负责到底？

《女权辩护》中的这一观点也让人极为欣赏：首先成为一个人，然后才是一个女人（或男人）。以人工流产的伦理辩护为例，西方学术界对此争议颇多，一种反对意思乃是，作为一个母亲，还有什么比腹中的胎儿更重要？对此我也曾困惑许久，后来想通的一个理由就是：女人首先是人，然后才是母亲，当因为种种原因不便保留胎儿时，她首先要保住的是作人而非作母亲的权利，这样女性才不致沦为生儿育女的工具。但在现实生活中，我们仍不时会面临这样的困惑。比如，在采访女名人的节目中，总会刻意提到（或是本人表白）她是如何恋家恋孩子。说句不客气的话，夫妻之爱，舐犊之情，原是生物本能，何须张扬？过分的张扬其实是一种提醒：女人别忘了作母亲和妻子的本分。不由得想起在中国的高等学府里流传的一种说法：校园里有三种性别，分别是男性、女性和女博士生。理由据说是，现行的教育制度专为男人设计，故而扼杀了女人的本色或天性。其实这种理由想表达的依然是：做女人比做一个有独立能力的人更重要，因为教育无非是培养一个人的基本能力。教育体制确有缺陷，但使教育专家忧虑的倒是如今校园里的阴盛阳衰现象，表明应试模式更适合女生脱颖而出。

除了权利观念的缺乏，中国的女权运动面临的另一个处境就是性观念上的男尊女卑。近读舒芜先生的文集《哀妇人》，作者身为男性，“深知男人中有不少是如何鄙视、蔑视女性，女性是如何处在男性的轻蔑秽亵的眼光之下，这在女性往往为性别角色所限而未及深知”。感谢舒芜先生，让读者，尤其是女性读者，有幸领略男人世界中这阴暗不堪的一面。男性对于女性的这种蔑视轻侮，主要体现在性观念上，亦即在男性心目中，女性是玩弄、占有、凌辱的对象，作者在文中引用了不少旧时士大夫的意识来说明这一点。比如，清人汪中慨叹自己的幕客生涯，飘泊依人，俯仰随人，与当妓女差不多，比妓女好一点的，只是生为男子之身，没有床上的屈辱罢了。注意，原来在男子心目中，女子（不单是妓女）在床上承受的只是屈辱罢了。故此，舒芜先生才从心底发出“哀妇人”之声。然而，今天的读者也许很快就会反省并且庆幸：我们不再生活在那样一个丑陋的年代，此种性观念早已为社会所不容并唾弃。

但是，积习已久的性观念岂是轻易能够动摇？这种男尊女卑的性观念尽管不再以极端形式出现，但在当今时代，我们却不时能感受到它的阴魂不散。近年来，日本作家渡边淳一的作品大肆侵入并泛滥大陆市场，媒体对此推波助澜、大造声势，其直接目的当然是为了商业利益，但背后折射或迎合的正是这样一种心态：男性以一种玩弄而非平等的姿态面对女性。此话绝非危言耸听，因为那正是渡边淳一作品的一贯主题。比如，渡边淳一的谬见之一就是：丈夫不该面对分娩时的妻子。关于原因的表述此处不便也不忍引用，但读者想必能够明白，在这种丈夫的心目中，妻子承担的是怎样一种角色，她仅是性愉悦的工具，而非其他！正是在这种心态之下，在那个国度才会出现如“女体盛”这类不堪一提的东西！而它居然还被极少数人引入国内市场，幸亏很快被有关部门勒令叫停，表明国人的良知尚未泯灭。但是，看来渡边淳一的作品却颇有书缘，因为据说这位日本作家谈论的是男人的本性，而那是没有国度之分的。是的，男人的这一本性在我们这儿还有一种流行说法，那就是男人为自己的外遇行为找到的一种借口，所谓“审美疲劳”——有疲劳岂不就得有放松的途径？

由此可见，争取性观念上的男女平等，远非那么简单，这里有一个文化传统的问题。就西方的传统而言，基督教是不可忽略的力量。早期神学家奥古斯丁对“性欲”的声讨在很大程度上造就了基督教的禁欲传统。一般认为，这与奥古斯丁本人的生活经历有关，他早年生活放荡，皈依基督教后，对此前的生活深恶痛绝。还有一说是，中年期的性无能导致他对性的恐惧和厌恶。但不管怎么说，由于基督教的影响，禁欲就此成为西方文化的组成部分之一。禁欲，毕竟更多是针对男性而言的。相形之下，中国古代的士大夫从未受过这一传统的熏陶。除了提防女人是祸水之外，性，何惧之有？任意发泄遂成为男性的特权。

不过，基督教对性与婚姻还有另一种看法。圣保罗在《新约》中说道：“因为人类有如此之多的邪念，让每个男人拥有自己的妻子，每个女人拥有自己的丈夫。丈夫必须给妻子应属于她的一切，妻子也必须同样给丈夫应属于他的一切。妻子不能主张她的身体是她自己的，那是她丈夫的；同样，丈夫也不能主张他的身体是他自己的，那应是他妻子的。”这真是一个破天荒的观念，至少它在理论上公开承认，女性也有性要求，并且这种要求在婚姻中处于与男性平等的地位，而婚姻之外的性要求对双方都是一种罪恶，贞洁并不只是束缚女性的紧箍咒。或许正是受这一传统的影响，性观念上的男尊女卑在西方要逊色得多。就此而言，中国特色的女权主义，在争取男女平等的权利上，要补的或许正是这一课。这一课恰恰也挠着了男人的脚底心，事关他们的痛痒。不少男士动辄自诩是一名女权主义者，但他们不见得是在此意义上的女权主义者。然而，若是没有性观念上的平等作为根基，其他方面的男女平等难以真正实现。毕竟，男人与女人的纽带正是由性所维系的。

为舒芜的《哀妇人》写序的周筱赟在文中提到这一事实，在美国，遇上当地治安情况不好，而妻子因工作原因不得不外出时，丈夫会提醒妻子带上安全套，以防不测时使风险降至最低。我不敢相信个个美国男人都如此大度体贴，但即便一例，就让我感受到男人的爱可以是多么的博大细致（这绝不同于在宽松的名义下对双方行为的有意纵容）。我愿意相信，男人的这一本性，也应该是没有国度之分的。

最后还有一个现象值得一提，中国的知识女性往往讳言自己是个女权主义者。据说女权主义有不少过激的主张，这将导致性别差异的消失，我们自然不会喜欢如“文革”那样单调乏味的时代。本文不对此作学理上的探讨。只是想提及在《女权辩护》一书中，作者还不满于西方社会的社交礼仪，如男士为女士让座之类。在她看来，这种做法其实质就是置女性于男性的保护之下，剥夺了女性应有的独立。女权主义的激进主张由此可见端倪，难怪它会受到一定的冷遇。但是对此，中国的女性读者也许会哑然失色，因为我们还无缘享受这种绅士礼遇。由此正可印证本文的观点，相比于西方，在中国以及其他东方国度，男女平等的实现面临着更为曲折的道路。不说其他，西方至少还有礼仪上对女性的高度尊重，就算虚伪，但它总还是男人的面子吧，而中国男人是无须顾及这层面子的。

农业文明：伊甸园中的蛇？

《绿色世界史：环境与伟大文明的衰落》，克莱夫·庞廷著，王毅、张学广译，上海人民出版社。

工业文明正是造成如今环境问题的罪魁祸首，这似乎已是共识。殊不知，环境问题竟然与人类文明一样古老，自从有了农业，天然环境就不复存在且呈急剧退化之势，一部《绿色世界史》，就让我们触目惊心地感受到了这一点。

人类的祖先，靠着采集和狩猎生活了大约200万年。那曾是一个悠哉游哉的时期，老祖宗们边走边吃，无需贮藏，因此也就无须多余的劳作，工作着是美丽的这种信条对他们来说无异于是痴人说梦。休闲是常态，而不是像如今那样成为一种奢侈。然而，农业的出现打乱了一切。对于农业的出现，传统解释大多基于这一前提：农业提供了那么多明显的长处，以至人类只要积累足够的知识，它的出现就是一种挡不住的诱惑。但本书作者却倾向于这一思路：农业是逐渐增长的人口压力下的产物。尽管采集狩猎时期的人们已采取了各种措施来阻止人口的增长，但终究还是力不从心(对此的探讨或许要从人的生物学本性出发)。为了养活更多的人口，就必须采取一种新的生产方式，这就是农业的出现。从此，人们日出而耕，日入才息，面朝黄土背朝天，以时间和劳动强度的付出为代价，迫使自然环境提供更多的产品。然而，农业一旦降临，人类就进入了一种不可逆转的棘齿轮效应：粮食产量增长，可以养活更多的人口；而由于人口的增长，就要求更多的产量，从而要求强度更大的种植。这种效应今天依然存在。有时，当某种传统作物(比如水稻)的产量已达到极限时，某种外来作物恰好解了燃眉之急，比如，近代以来的玉米引入中国，以及土豆引入欧洲，它们曾使濒临饥饿的人们重获生机，但同时也带来更大的人口压力。除了造成不可逆转的人口增长之外，农业还带来另两大深远影响：一是剩余粮食的出现；一是定居生活方式的出现。前者养活了一批无所事事的有闲阶层，他们正是精神文明的缔造者；后者以及对于剩余产品的分配需要一个强有力的统治阶层的存在。世界各地的文明大多由此起步。

农业完全是一个人工造就的生态系统，它彻底打破了自然生态系统中物种多样性的格局，故而对它的维持需要付出惊人的代价。首先，这些单一作物的需水期集中，因而需要人工灌溉，而过多的灌溉会导致土壤的盐碱化；其次，单一的品种还容易导致病虫害泛滥，因为以相同品种为食的昆虫更容易在农田里寻到自己的另一半，因而增加了交配的机会；最后，在收获季节，所有的果实颗粒归仓，从而打破了生态系统中元素的正常循环，这就是过度耕作带来的土壤肥力下降。自从有了农业以来，世界上已有多少文明走向穷途末路，本书提供了大量这方面的例子(如玛雅文明等)，读后令人警醒，也令人徒生伤悲。难道农业文明正是伊甸园中的蛇？难怪有位环保专家发出如此的论调，影响人类生存的真正威胁不在工业污染，因为污染最终总可消除，甚至我们还可乐观地认为，人类最终能够适应已“污染”的环境，正如当初的厌氧生物适应有氧环境一样，然而，土壤的退化却是不可逆的，土壤是所有生命得以存在的根基，它是历经漫长时间演化后的产物，因此它是地球上真正称得上有价值的财富。然而，大地已经不堪重负。有些令人遗憾的是，生活在都市中的人们，更容易闻见汽车排出的尾气，而不易感受森林草原的枯萎。

一位人类学家曾如此说道：回忆史前史，我是一个乐观主义者；但回顾文明史，我却是一个悲观主义者。就其字面意思来看，此话未免反动。但我却读出了另一层意思：正是农业文明首次催生了人的占有欲望，因为有剩余产品可以囤积，从此，这种欲望一发而不可收拾；工业文明更是技高一筹，它的拿手好戏就是鼓励欲望的满足再制造更多的欲望，两者互为因果，因而欲望就成了一个无底洞，正所谓欲壑难填。在这一过程中，不能承受之重的则是自然资源的耗竭。

郑也夫教授曾在上海高校作一则学术讲演，题目是《反思快乐，批判消费》，提倡当代人应收心养性，这样的主题用心可谓良苦。但是，18世纪的英伦学者柏克早已看穿了这一点，他说，社会永远存在两类人：一类人甘于清心寡欲；一类人追求时尚享受。显而易见，自从文明走上不归路之后，后者始终占大多数。这或许正是人类面临的无奈处境，也是生态伦理面临的尴尬所在。哲学家自然无回天之术，更不能要求人人皆成舜尧，那是史前期留传下来的故事。哲学家能做的或许就是勇于扮演乌鸦的角色，报忧不报喜，无情揭露人性及文明背后可能会有的陷阱，提醒人类随时会面临的深渊，迫使社会的制动机制对此作出反应，假如它们还未失灵的话。

医学的一头连着人文

《医学人文十五讲》，王一方著，北京大学出版社。

曾在《南方周末》上读到一篇文章，作者是从美国归来的医学博士，专攻老年医学。他的观点是，在美国等西方国家，60岁以上的老人得癌症，一般不会在手术之后再用化疗，相形之下，我国的老年人患癌，手术加化疗几乎是常规疗法。吃惊之余，作者提出了这一观点，癌症的形成有生理性和病理性之分，而老年人，尤其是70岁以上的患者，大多属生理性病症，此时不需要过度治疗，保存实力改善生存质量更为重要。此篇文章立即引发一位主治癌症的医生也操笔论战，文章就发在随后一期的《南方周末》，外科医生的观点是，所有的癌细胞，在显微镜下观察，都有同样的病理特点，哪来的生理和病理之区分？因而此种说法在医学上看来实属荒谬。不过在我看来，这位外科医生的说法才荒谬不堪。比如，随着年事增高长出白发，即生理现象，而如一夜愁白头之类的现象则是病理现象，尽管白发在显微镜下都有同样的特点。这位外科医生居然不屑区分生理和病理之差异，显然因其思维方式出现了盲区，这就是说，在他所受的医学教育中，漏掉或忽略了“人文”这一块。近读《医学人文十五讲》一书，在一口气读完的同时，不由得想到它真该成为医学院师生的必读书。

若说“人文”在医学中的体现，它的核心即在于医生首先得把病人看作是具体的“人”而非抽象的“病”。作者自述其医学实习时亲身遭遇的一件事读后令人唏嘘不已：一位晚期乳腺癌患者，在生命就要走到尽头时，来了例假，作为女人，她庆幸自己依然拥有这一生育力的象征，她做的最后一件事即是羞涩地让丈夫为自己用上卫生用品。这就是作为人的尊严和荣耀，尽管死神随后就带走了她的生命。仅当医生的心里满载着“人”而非眼中仅见“病”时，医学才是人文的而非仅是技术的或科学的。作者还举了这两个成语来说事：情窦初开；色胆包天。从解剖学的角度来看，情窦在哪？色胆在哪？人体中有生殖系统、有胆囊，但它们似乎与日常所说的情窦和色胆对不上号。可见作为一名医生，他必须熟悉人所特有的心理学，人所处的文化环境，甚至人性的某些细微之处，才有资格坐下来为病人号脉看病。如此看来，美国的医学教育自有其合理之处，医学在美国不是本科专业，不少颇有成就的学医出身的科学家，他们在本科期间学文学的也不在少数。由此培养出来的医生，想要他们不具备人文素养都难，就此而言，医学的特殊与荣耀就在于，它的一头连着生理学及医术，另一头却与人性衔接相通。难怪诺贝尔奖项的名称是生理学与医学奖，生理学只是医学的科学基础，而非医学本身，两者不能同类项合并。不由得想起前一阵子在网上闹得沸沸扬扬的取消中医事件，理由就在于中医不是科学。这一事件遭到官方的正式反对，理由在于中医就是科学。可见双方对医学的理解都有褊狭之处，都少了人文视角的把脉。不要说中医不是科学，就连西医在严格的意义上都不是科学。然而，人难道必须得科学地生活、科学地生病？若把医学彻底还原为生理学，那么医学培养的将是兽医而不是人医。

作者还提到了听诊器的发明，它可说是最早的医疗器械，出现于1819年。医学史上曾有一种观点，认为听诊器的发明是医生与病人疏远的开端，因为自那以后医生即借助某种工具而非直接的“望闻问切”去体察病情。不过在本书作者看来，在医学人文的视野中，听诊器尚是机器时代里最后一件有情之物，比如冬日里医生会用手把它焐热后才放进病人的胸前。但如今听诊器的功能正在日益淡化，各类化验、扫描等常规检查项目正在成为医生的必备功课，医生与其说是在看“病”，还不如说是在看“指标”。病由人来，而指标却只是机器的读数。更不用说，医生向病人开出的一大堆检验单，其中不少还受经济利益的驱使。这就引出了医德的问题。作者引用了一句西谚：医生不信教，病家不上门。这就是说，医生首先以自己的道德情操吸引病人。比如林巧稚，她曾说自己是一名虔诚的基督教徒，因为她崇拜耶稣的献身精神，并以此作为自己行动的指导。也许我们立刻会说，如今是市场经济，哪能奢望让人无私奉献的美事！那就看看市场经济极为发达的美国吧，有资料表明，在美国的医生当中，信神者比例高达76%；59%的人相信死后存在某种东西；90%的医生承认至少偶尔会参加某些宗教活动。考虑到医生都曾受过生物学训练，而主流生物学家中信神者的比例恰恰是最低的。两者的对比颇有意思。这是否能够在某种程度上解释良好医德的由来？当然一个必须澄清的问题是，医生、或是具有良好道德感的人不必非是一名教徒，但在职业中融入某种情感、某种信念，某种职业伦理，或者说，就是敬业精神吧，却应当是入门修行的底线。而如何建立这种底线，则有赖于体制内外的共同完善。

作者还提到了某部电影中的一个情节：一帮抬尸体的工友

行至半山腰时歇脚，家人催促及时赶路，工友答：走得太快，灵魂会跟不上的。多么意味深长的回答。是的，尤其在当代，我们的技术发展实在够快，层出不穷的诊疗手段让医生们应接不暇，或许还伴有不可遏制的利益追求。于是，我们没了耐心歇下来，细细倾听我们的灵魂到底要的是什么？这就是当代社会的病症。

就此而言，我们每个人——无论是医生还是病人——都该补上人文这一课。

文化层面上的疾病

《疾病的隐喻》，苏珊·桑塔格著，程巍译，上海译文出版社。

记得20世纪80年代，日本电视剧《血疑》曾风靡一时。片中的女主角患上了不治之症——白血病，于是，她的形象平添了一份特有的柔美、凄楚，从而赢得了观众的同情之泪。难以想象编导会让这位花季少女患上这样的疾病，比如乳腺癌、子宫癌等，可见疾病背后有着耐人寻味的文化意蕴、审美指向。《疾病的隐喻》带来的就是对这种文化意蕴的沉思。本书主要以结核病、癌症和艾滋病为例。顺便提及，作者本人是一名癌症康复者，想必她对此有着独到的亲身体验。此外，译者还为本书加上了不少有用的注解，从而增加了阅读的信息量。

在抗生素发明之前，结核病与癌症一样是不治之症，然而，两者却有着截然相反的文化和审美意向。这也许是因为，结核病通常出现在某个特定器官，如肺部，而癌症却可发生在全身任何一个器官；结核病的症状对比鲜明，苍白与潮红，亢奋与疲乏交替出现，而癌症带来的却是病情的持续增长；结核病的症状从一开始就公开亮相，咳嗽、发烧直至手帕上的血，毫无遮掩，而癌症的症状却是诡异莫测的，犹如伺机而动的毒蛇，一旦明显暴露则为时已晚；结核病能带来情绪高涨、胃口大增，性欲旺盛，而癌症则使人食欲消退、性欲大减；结核病最终使躯体变成痰、黏液直至血，而癌症却使躯体组织变成无法消除的硬物；最后，结核病加速燃烧了生命，使生命超凡脱俗，它的死似乎还具有一定的审美意味，而癌症却是缓慢长期地折磨、耗尽生命，这种死亡一点都不具有悲壮色彩。难怪在19世纪的文学作品中，结核病常常被赋予浪漫主义色彩。诗人拜伦对朋友说：“我宁愿死于痨病”。因为这种凄美的死法能博得女士们洒上一掬同情之泪。

不仅如此，癌症还有心理学层面上的负面描述。它被认为与某种心理失调有关，这就是焦虑、沮丧，对情感和性欲的过度压抑等。显然，这样的人格一点都不具可爱之处。癌症源于局部细胞的无限制疯狂增长，因而它象征着无序、失控、机能的恶性膨胀。于是，它还令人联想到政治上的混乱失败。癌症还象征了工业文明种下的一枚恶果，表现为环境中致癌因素的存在，营养过剩，不良生活方式等。遗传学研究表明，癌症还与特定的基因有关，这几乎具有宿命论的色彩。不幸撞上此运的癌症患者不由得发出辛酸的质问：为什么是我？而死亡率更高的心脏病患者却不见得会这样质问。言下之意，这是命运的一种不公正嘲弄。可见人们谈癌色变，或干脆讳莫如深，固然与癌症本身的病程有关，但也与它所携带的负面意义有关。不由得想到歌星梅艳芳，她当众承认自己患上宫颈癌，尽管早有专家告诫这种病的相关因素之一是不洁性生活。这种勇气着实可嘉，因为它是对癌症所有负面隐喻的公然挑战。

艾滋病是20世纪后期降临的一场灾难，由于它在起源、感染方式、易感人群及病症等方面的特殊性，更使它成为一种文化意义上的疾病。首先，艾滋病起源于古老、不发达的非洲，它几乎就是对现代西方文明的一种挑战；其次，它的传播方式与性行为、尤其是反常的性行为有关；再次，当它在欧美最初出现时，主要集中于男人的同性恋群体；最后，它的发病过程惨不忍述。理所当然地，艾滋病在某种意义上被看作是性放纵的结果，是对当今极度享乐的生活方式的一种控诉。有意思的是，医学的进步（如避孕手段、抗生素等）曾使人们无须承担性行为导致的后果，但艾滋病的出现却使天平又摆向了另一侧。性行为本身是为了及时行乐或孕育生命的，这两者差不多是织就生命意义的经纬，于是，对性的担忧当然使现代人的生活充满了不安全感。想想，血液和体液——本是生命的象征，现在却成了污染的载体。难怪艾滋病承受了如此严厉的道德评判。于是，回归家庭，忠于一夫一妻制，远离异常性行为，杜绝各种恶习（如吸毒等），这些保守主义热衷提倡的说教，终于又赢回了它的价值。但情况的另一面却是，严肃的舆论又拒绝以防范艾滋病之名来推销道德说教。就连教会人士（如保守的特蕾莎修女）也反对“艾滋病”是上帝的惩罚这一说法。在我国，早期曾有“爱滋病”这一译法，暗指由爱滋生的病，现在已遭废弃，而代之以中性化的说法——艾滋病。作为防范艾滋病的措施，安全套的使用被大张旗鼓地推出，这本身就是一种价值中立的做法。对艾滋病的这一双重态度，在我看来，正反映了整个资本主义社会在道德观上的分裂：一方面，是鼓励及时行乐、潇洒走一回的消费观；另方面，又是提倡拼命工作、远离各种诱惑的伦理观。

疾病的隐喻提示我们，作为生理学层面上的疾病，它确实是一个自然事件；但在文化层面上，它又从来都是负载着价值判断的。对于前者，合适的语言是医学术语，错误的使用就会导致误诊；对于后者，合适的语言是伦理规范，使用不当，就会使病人承受超出生理范围的负担。以今年刚出现的“非典”病例为例。不幸的患者被媒体称之为“宋某”等，这至少是对人的一种不尊重，它背后暗含了什么，想必读者可自行体会。其实，他们只是社会中的普通成员，在某种意义上，甚至是牺牲品，为何不能称呼他们是“杨先生”或“魏女士”之类呢？难道他们的人格因患上此病而打了折扣以至只能以这种方式被媒体提及？在此意义上，疾病的隐喻所涉及的不只是一个学术层面上的问题，它就发生在现实生活之中。

为物欲而累的现代人

《流行性物欲症》，约翰·格拉夫等著，闾佳译，中国人民大学出版社。

曾经看到这样一幅漫画，印象特别深刻：画面中，位于大门之内的一群人指着大街上走动的人流说，这些人都是精神病。读者自然明白该画要表达的深意。当我们以异样的眼光看着这些特殊人群时，殊不知他们也正是如此看待我们。这是否意味着精神病人与正常人就没了标准？当然有一个标准是放在那里的，正常人永远都是大多数，只要我们是大多数人中的一员，我们就有信心认为自己是正常人。不过最近读到一本书，

《流行性物欲症》，作者却有这番高见，即便有几百万人得了同一种精神病，也并不能说明这些人就是正常的。这是一种什么样的精神疾患并已让大多数人身陷其中呢？作者命之为“物欲症”，他针对的尽管是美国的情况，但环顾四周，我们身边的物欲症同样触目惊心：受广告的挑逗，受分期付款和透支的引诱，受攀比心理的推动，人们不加节制地释放自己的消费欲望：家里的衣橱能装下一头大象，却已满得塞不进一双袜子；有身份有地位的人士应酬不暇，结果男人的腰围与国家的GDP同步增长；房子越住越大，在家的时间却越来越少，因为供房的压力迫使主人只好日夜在外奔波；汽车越来越豪华，人们呼吸的新鲜空气却越来越少，因为车内是浑浊之气，车外则是废气弥漫；小区的停车场越建越多，供人们憩息健身的绿地却越来越稀罕。

要分析流行性物欲症的病因，还得从资本主义的文化矛盾说起。懒散，或正其名曰休闲，本是人的天性。但近代以来为新兴的工商业者所偏爱的新教伦理却有其独特的劳动观，它强调工作是天职，是神的召唤，它“驱逐了天堂里的圣人，只为废除人们的节日”，于是，中世纪众多用来对神表示敬意的节日被取消了，劳动者犹如上足马力的机器不停地运转，从此少了闲暇多了浮躁。看看周末为取得各种证书而奔波的白领或蓝领，据说这是为了充电，但其实只是为了保住已有的位置或觊觎更高的位置而不得不付出的代价。与此同时，这枚硬币的另一面却是，市场开足马力源源不断生产出的商品必定需要有足够多的消费者来接盘。于是，如何挑逗甚至制造更多的消费欲望就成为市场经济的惯用策略。用企业家的话来说，市场是造出来的，正如路是走出来的一样。这种人为制造带来了什么呢？本来是大自然的免费恩赐，如今却需要通过市场的交换才能得到，要知道瓶装水的成本是自来水的1000多倍，且效果可疑。本书引用的这一说法可不只是幽默：光是宝洁公司的产品种类就要比昆虫种类多出1倍。有时我们甚至只是为了消费而消费，正如本书随手拈来的一例：去超市买回一只废纸篓，外面还得套上一只塑料袋，回家后再把这只塑料袋扔进这只废纸篓。类似的荒唐现象在我们的身边不断上演。由此造成的恶果就是：当房子越住越大、车子越来越多时，耕地只能越来越少，拿什么来养活众多人口？只能是通过激素甚至药物浸泡的食品。多宝鱼又游了回来，这回它可是有“证书”护身，但再多人为的证书也不能遮掩这一自然事实：在欧洲，多宝鱼的养殖周期就是得3年左右。

本书针对的是美国的流行性物欲症，但中国读者读来不仅感同身受，且更有鞭辟入里之感，因为中国人口更多、资源更少且我们的浪费更是惊人。仅看一例：刚刚过去的圣诞节，商家为了营造商机，5000棵雪松为之“献身”，而共青森林公园全部雪松也只有1700棵，节后它们全部化为垃圾，而在国外它们依然有回收再用的机会。但令人痛心的是，国外企业到了我们这儿，也入乡随俗，环保仅成为它们的宣传用语而已。是他们麻木了还是更精明了？无论答案如何，后果却只能由我们自己来承担。

据说特蕾莎修女到美国接受一个名誉学位时曾如此说道，这是她此生所到过的最贫困的地方，当然这里的贫困只是针对灵魂而言。对于更为注重世俗享受的中国人来说，这样的说法似有矫情之嫌，因为灵魂的堕落或救赎或许不是我们关注的事情。但我们的文化也关注这样的事情，比如积阴德，就是今人将为后代留下些什么。不过在我看来，若是这样的物欲症任其泛滥，那么，令人忧心的已不再是留给后代什么，而是留给中年人的后半生、留给儿童的未来将会是什么这一迫在眉睫的问题。

中国人即便没什么信仰，但总还该持有马克思主义的信仰。请看本书所引用的马克思所欣赏的一段话："财富指的是自由——寻找娱乐的自由、享受生活的自由，思想进步的自由：它就是任意支配时间，别无其他。"然而当越来越多的人成为房奴、车奴、卡奴时，我们还拥有甚至配谈财富吗，即便我们家财万贯。

最后还想说的是，美国的有识之士已为他们的生活方式亮起红灯警告，那么，我们是继续随大流闯红灯，还是驻足反思我们的生活方式？毕竟流行的不见得是好东西，比如流感。

为什么人类社会的命运会如此不同？

《枪炮、病菌与钢铁：人类社会的命运》，贾雷德·戴蒙德著，谢延光译，上海译文出版社。

在科学史界，有一个著名的李约瑟难题，可表述为：中世纪曾一度处于领先地位的中国文明，为什么在近代反而落后了？这个难题的答案是不容易给出的，因为它其实涉及了这两大文明得以产生的不同背景以及随后走过的不同的历史轨迹。李约瑟难题的真正意义在于，它促使我们去思考每一个文明背后独特的历史背景。其实就不同文明的比较而言，还可提出这样的问题：为什么是欧洲文明以势不可当之势扫荡了美洲、澳大利亚等古老的文明而不是相反？这个问题看似很可笑，因为答案实在明显不过，欧洲人拥有坚船利炮等先进武器，这些岂是土著人的血肉之躯所能抵挡？但更进一步的实质问题却在于，为什么是欧洲人造出这些坚船利炮而不是相反？或者说，为什么人类社会的命运会如此不同？

如果要回答这个问题，那就得追溯一段长长的历史，其跨度要远远超过李约瑟难题所要求的，这就是说，不同文明的分道扬镳，甚至在史前期就已迈出了决定性的一步。《枪炮、病菌与钢铁》一书即是针对这一问题所进行的讨论。

本书洋洋洒洒约有35万字之多，但其中所列举的几大史实却使人过目不忘。文明的强盛与人类告别狩猎采集时代，走向定居有关。定居离不开动植物的驯化，然而，这种驯化更多地却是发生在欧亚大陆而不是其他大陆。这种局面是如何造成的？这是因为在澳大利亚、新几内亚及美洲大陆都不存在旧大陆所拥有的大型哺乳动物可供驯化。然而，在漫长的生物进化史上，新大陆上曾经有过许多大型哺乳动物，它们为何消失了？一个显而易见的可能答案是：它们被首批到达的人类杀光或间接消灭了。历史上，这块大陆上的动物曾经在缺乏人类的情况下，独自演化了几百万年。大约在4万年前，首批人类移民到达这里，他们凭借高超的狩猎技巧向这些毫无防备的动物发起了进攻。这是地球上最早的一次由人类所造成的物种绝灭现象，其受害者包括新西兰的恐鸟、马达加斯加岛的大狐猴和夏威夷的不能飞行的巨型野鹅。

相似的情况在17000~12000年之前在美洲大陆再次上演。首批到达这里的人类杀死了当地的不少大型哺乳动物，其中绝灭时间得到精确测定的是沙斯塔的地懒和大峡谷地区的石山羊，它们均在公元前11100年前后的100~200年内消失。

与此相反，生活在非洲和欧亚大陆的大多数哺乳动物却活到了现在，这是因为它们一开始就与成长中的人类共同演化，人类的狩猎技巧有一个逐步提高的过程，而它们也就有充裕的时间来逐步形成对人类的恐惧心理。这一事实带来了一个意味深长的结果，新大陆的土著居民再也没有机会向畜牧业过渡，因为可供驯化的大型哺乳动物在一开始就被杀光了。他们不得不始终处于狩猎时代，当然更进一步的文明也就难以形成了。

但是，非洲大陆上至今仍存在不少野生大型哺乳动物，如野牛、野猪、斑马等，它们为什么就没有被早期的非洲人所驯化呢？说起来这实在是非洲人的不幸。因为并不是每一种野生动物都能加以驯化的，一个能被驯化的动物必须同时满足若干个条件，如生长速度相对较快（这就排除了非洲的犀牛）、性情不能过于凶险暴烈（这就排除了非洲的野牛、斑马等，它们以极具挑衅性而著名）、还必须具稳定的群居习性，以适合于放牧（这就排除了非洲的羚羊，它们不能像绵羊、山羊或牛那样圈养在拥挤的围栏里）。

本书所举的另外一个史实也耐人寻味。考古发掘以及其他的研究表明，印第安人原来的人数在2000万左右。就在哥伦布来到的一两个世纪中，印第安总人口减少了95%。其中主要的杀手还不是白人的枪炮，而是白人所带来的病菌。天花、麻疹、流感和斑疹伤害等纷纷袭击当地部落，导致印第安人口锐减。我们不由得要问：这些病菌最初来自于什么地方？它们为何对印第安人造成如此严重的伤害？其实这两个问题是有因果关系的。

首先，这些病菌最初均是来自驯化的群居动物。由于欧亚大陆的人类很早就开始驯化动物，并且定居生活使早期人类的群集密度有所提高，所以，这些病菌在人类中的感染和传播也就有了一段长长的历史。这就足以让自然选择过程在人类中发挥作用。比如，一场流感使不少人被感染并不幸死去，但其中总有人会痊愈并生存下来。久而久之，能生存下来的人往往就具有对于特定疾病的免疫抵抗能力，这个过程正如同现代抗生素对细菌的筛选一样，今天能存活的细菌也是具有高度抗药性能的品种。

但是，这样的过程在印第安人中却没有发生过。印第安人从没有定居的畜牧业，他们也就从未有过与这些病菌打交道的经历。当白人首次将这些病菌带给他们时，绝大多数的印第安人毫无抵抗能力，只能悲惨地死去。结果代表文明社会才有的枪炮、病菌与钢铁就这样残酷地征服并几乎消灭了新大陆上的土著居民。为什么不同文明的起步和演化过程是如此地迥然相异？这一切也许均源于欧亚大陆这一得天独厚的地理环境。

当然，同是欧亚大陆的文明，后来的命运也大不相同，比如，中国文明就没有产生出枪炮与钢铁去征服其他的民族，尽管我们同西方文明一样有着发达的农业和驯化的动物。对此，作者专门辟出一章，讨论中国何以成为现今的中国，他的思路基本上仍是地理环境决定论。

看来本书留下的一个可供回味的话题是：在文明的形成过程中，如何来评价地理环境的深远意义？

河合隼雄的人生故事

《给未来的记忆：河合隼雄回忆录》，河合隼雄著，李静译，东方出版中心。

河合隼雄的名字对中国读者来说也许还有些陌生，他是日本临床心理学的奠基者，同时还历任日本文化厅的长官。笔者去东京的书店时发现，他的著作在书架中鹤立鸡群——作者名字被专门列出。他的自传《给未来的记忆：河合隼雄回忆录》，犹如一部口述史，从记忆中弟弟的夭折开始说起，娓娓道出自己的求学经历、人生各个转折时期所面临的困惑以及随后做出的选择，还有家人的相互激励等。读来自然亲切，许多细节可圈可点，在此愿与更多的读者共同分享这位学者难得的人生经历。

先说河合的爸爸。根据日本传统，只有长子才能继承家业，身为次子的爸爸就离开家庭，自习手艺，后来成为一名自己开业的齿科医生。爸爸最喜欢的一句话是“守本分”，我尽力守好自己当医生的本分，当父亲的本分，孩子们的本分就是玩儿，只要尽兴玩儿就好了。因此当时家里的规矩是，除了周六能看教科书之外的书，其他时间都不准看。不准看绝不是说只能把时间用来看教科书，而是要出去尽兴地玩。因为河合太爱读书了，因此在哥哥的求情之下，后来妈妈才允许周日河合也能用来读课外读物。身边守着这么一位一丝不苟的爸爸，令人敬畏，因此孩子们的心里向来有一条明确的界限：人活着，绝对不可以胡来！

河合的妈妈曾是一位小学老师，结婚后生育了7个男孩（其中一个夭折），理所当然成了全职太太。但她不仅是一位好母亲，更是一位善解人意的好老师。河合上幼儿园时，有一位老师辞职了，河合忍不住哭了，小伙伴因此而耻笑他，妈妈知道后只说一句话，男孩子也可以哭。就是这句话救了他，令他不再觉得自己像是一个讨厌的哭屁虫。因为家里都是男孩子，兄弟们在一起经常会议论女孩子，这时妈妈就会参与进来一起点评，有时妈妈甚至还会请女孩子来家里做客。唉，这位妈妈也许是不知道还有“早恋”这档子事？爸爸从不参与这些事，也许这些不是他的本分。但有一次河合的一位哥哥在学校里闯祸啦，因为听不惯老师在课堂上说的浑话，居然当众揍老师，这还了得。这下轮到爸爸出场了，他到学校去讲理，认为这一举动属正当防卫，理由是，教官用语言来实施暴力，学生只能用身体的暴力来回应。此事居然不了了之。

河合的中学年代，正好是日本陷入侵略战争的年代。河合的二哥抱着为国尽忠的志向成为一名军医，但在亲自体验了军队的情况之后，却后悔极了。出征之前他特地对河合说，“战争这种傻事情到我们为止就行了，你绝对不能再去当军人。”说出这种话，在当时的日本，绝对是大逆不道的事情。哥哥有勇气说出真话，至少人性未泯。等到河合中学毕业时，眼见大家都在义无反顾地上前线赴死，他坦承自己怕死，但同时又感到害羞。为此他向正在读医的大哥讨教克服怕死的妙方。大哥的回答是：怕死极其正常，无须为此害羞。人只要尽了自己的本分就好，我不认为只有当了军人才是最爱国的。当河合被中学强制推荐上军校时，他把哥哥的话写在信里，然后把信悄悄放在爸爸的枕边，本来还在为儿子能够上军校而感到荣耀的爸爸，在见信之后去了一次学校，回来后只对儿子轻描淡写地说道，“对了，那件事儿我已经回绝了。”

我们可以设想，当全民都投入疯狂的军国主义之际，能够有如此清醒的思考和选择，是多么难得。但这难得的背后，绝不像牛顿发现万有引力那样需要超常的思维，恰恰相反，需要的只是常人的思维，那就是承认贪生怕死是人的本能。所有的邪教事业，违背扼杀的恰恰就是这种正常人的情感。一个人或许可以出自崇高的道德之心而克服贪生怕死的本能，但前提是，他必须清楚，用自己宝贵的生命换来的只是具体可见的他人的生命或幸福，而非一种抽象的事业。好在今天的日本已经拒绝这样的全民愚忠。一份问卷调查表明，当年轻人被问及是否愿意为自己的国家献出生命时，绝大多数人的回答是，当一个国家需要其国民为它献出生命时，这本身就是一个不值得为之献身的国家。

因为拒绝上军校，军训成绩得了个丙，河合没有如愿进入自己中意的高等学校，只能进神户工专电气科。战争结束后，他终于考取京都大学数学系。但一年读下来，觉得自己数学方面难以成才，于是陷入苦闷当中。他想休学一年，慢慢想想自己将来要走的路。不用说，妈妈和哥哥都支持他这样做，但生怕爸爸会反对，因为对于学生来说，学习正是本分呀。想不到爸爸就一句话，那就休息吧，什么理由都不需要。果然河合慢慢找到了自己的人生目标，做一名中学数学老师，因为他喜欢与人打交道。但周围不少中学老师故步自封的情形却又让他望而生怯，于是他特地去请教一位与众不同的好老师。这位老师告诉他，教重复的东西容易让人原地踏步，不管怎么说，不进步的人是没有魅力的。而我一直在研究日本文学，尽管没有了不起的学术成果，但大家一定感觉到我在进步。原来教师的魅力源出于此。其实人格的魅力又何不源出于此呢。河合果真做了高中数学老师。正是出于职业需要，河合不断钻研并且迷恋上心理学。因为一个偶然的机会，他进入天理大学当心理学讲师，从此步入学术生涯。可见人生无所谓规划，但必须在某个关键时刻，慢慢想清自己到底适合做什么，而父母此时要做的，决不是指手画脚式的干预，而是给予足够的自信，容许他自己去想清这个问题。河合有幸出身于这样的家庭，或许正是他走向成功的重要环节。但对于河合一家人来说，更看重的却是生活的实质，人与人之间的情感和交流，每天都快快活活地过日子，而非出人头地。尽管结果或许事与愿违：河合成为著名学者，他的一个哥哥是灵长类研究学者，其他的兄弟也都事业有成。

临床心理学在当时的日本几乎是一片空白，于是河合决定外出留学。为此，他苦读英语，终于考取富尔布莱特奖学金，来到美国。与指导老师克洛普佛教授首次见面时，他说，自己在日本研究临床（clinical）心理学，但教授居然说没有听说过这种心理学。这下河合急了，他说，这不就是你正在研究的那种心理学嘛。但对方还是没有听明白。后来教授恍然大悟，原来你说的是clinical，而非critical。这就是河合当时的英语水平，但这一点都没妨碍他后来用英语写论文、做学术交流等。借此不由得想给眼下中小学教育中的英语热浇盆冷水，英语这点事，几乎用时再学都不晚，值得拿它与母语相提并论？

在接触了荣格的心理学之后，河合意识到，心理分析是必须学会的东西，为此首先要对自己做心理分析。导师知道河合的这一心思之后，推荐自己的弟子斯皮格尔曼来为河合做心理分析。心理分析可不是省油的灯，当时的行情是每小时25美元，而河合的奖学金每个月只有170美元，算下来一个月4小时的费用就是100美元。在得知这一情况后，斯皮格尔曼说，那就每小时1美元吧。这样的价格几乎就等同于象征性收费。河合越想越不安，觉得对不起人。但斯皮格尔曼不在乎钱，坚持只收1美元，并且坚持认为，河合应该有足够的钱吃好穿好外加去旅游。想明白后的河合这样告诉斯皮格尔曼，你可以不在乎，但我必须一直在乎下去，假若我也不在乎的话，这件好事就会被风化。而在乎的方式就是，“你现在做的事情，我也会照样去做的。这虽然不是直接对你支付报酬，但是吸取了你做的这件事的意义。”不由得想到如今对于慈善及其回报或感恩的讨论。是的，人应该知恩图报，但现代慈善崇尚的理念更体现为回报社会、感恩社会。只有如此，慈善之圣火才能持续相传，温暖你我每一个人。

河合不仅在美国、后来还去瑞士学习，因此书中不时提到日本与西方文化之间的冲突事例。仅举一例。他在欧洲做心理分析时，对象中有日本人。双方合作顺利，但那位当事人后来却不来了。河合想给他写信，告诉他应该继续来。由于接受了西方人尊重对方意愿的思维习惯，他写道，我会等你的，如果你愿意来的话。但这样的表达方式在日本人看来，几乎就是拒绝他再来。在这种情况下，日本人会说，请你一定一定来。果然当事人没再来。把这事告诉他的督导老师，老师说，你的日本灵魂到哪里去了？犹如当头一棒，河合豁然开朗。更令河合佩服的是，老师不说你该怎么做，而是提醒他与自己的日本灵魂商量。他重新写信，那个患者果真又来了。

这是一本篇幅并不厚重的回忆录，全书几乎就是由这些具体事例串联而成，读来生动有趣，更令人深思。不愧是出自心理学家的自传，他尤其对于自身的自卑心理有细致的刻画，书中有一节就是“从自卑感起步”。但就是这样一个自卑感如此强烈的年轻人，日后却成为日本心理学界首屈一指的大师级人物。如此说来，生活中大多数人也许或多或少都会经历自卑情绪的折磨，但只要不被自卑心理所压垮，也不让自卑心理转化为表面的自尊，克服自卑的过程却让人迸发出进取的动力，而自卑心理的升华恰恰是——谦卑。因此，适度（哪怕是过分）的自卑都要胜于强烈盲目的自信，后者只会让人流于虚荣肤浅，最终一事无成。

一段英国的人与自然关系，告诉了我们什么

《人类与自然世界：1500–1800年间英国观念的变化》，基斯·托马斯著，宋丽丽译，译林出版社。

人生活于自然界中，要说人与自然的关系是所有关系的重中之重，并不为过。但一个多少有点令人遗憾的事实却是，这些年来，我们倒是不乏对人与自然关系问题的讨论，但多半是在务虚的层面或引经据典，或大发宏论，少的却是务实层面上的严谨考证。近来读到《人类与自然世界》一书，副标题是“1500–1800年间英国观念的变化”。作者选取这一时段，意义无须多加强调。因为这一时期正是英国（也是欧洲）进入工

业革命的转折期。于是，人与自然的关系也因此而经历着前所未有的转变。循着作者给出的思路，其间有不少问题耐人寻味，值得细加深究。

首先关注一个根本性的问题：就人与自然的关系而言，人是否凌驾于自然之上？至少在西方文化上，这一点是毋庸置疑的。根据《创世记》的说法，飞禽走兽爬虫鱼儿，都是上帝特地为人类安排的食物。这就是典型的人类中心主义观点。有鉴于此，1967年，美国历史学家小林·怀特将基督教描述为“历史上最人类中心主义的宗教”，是造成当代环境污染的罪魁祸首。这一看法在环境伦理学中颇有市场。但在我看来，与此相反的观点却是汤因比对于宗教的评价，他说，所有宗教都有一个长处，“就是把自然的力量视为神圣的东西。通过灌输对自然的畏惧思想，在某种程度上抑制了人们利用自然的贪婪冲动。”然而，身为西方学者的汤因比，怎么能对犹太–基督教体系中那种强烈的人类中心主义色彩视而不见呢？可见从宗教的角度来反思人与自然的关系问题，远非切中要害。

那么，是什么因素关键性地决定了人对自然的态度？一言以蔽之，正是商业动机。当初北美的印第安人有节制地捕捉海狸，但由于欧洲白人的到来，印第安人开始疯狂捕捉海狸，只因白人源源不断地从印第安人手中收购海狸皮，再贩回欧洲以获暴利。可见贪婪的商业动机足可抵制所有宗教教义。正如本书作者所引用的马克思观点：不是宗教，而是私有财产与货币经济的到来导致了基督教徒们以犹太人不曾用过的方式大肆开发自然界。与此类似，在环境问题上，中国学者极为推崇所谓天人合一观点，认为它是环境伦理学中不可多得的思想财富，但悠远的“天人合一”观并未阻止中国的环境污染日益恶化这一现象，即是一个明证。

其实所有的人类文化都带有人类中心主义色彩，也许犹太-基督教体系对此的强调格外突出，这就促成了博物学的兴起。最初研究博物学的动机即实用又功利。既然植物的每一部分都是因为人的利益而设计，当然值得细加考察。研究动物的目的同样实用，其初衷就是要断定“它们是否对人类有利，或作为食物，或作为医药；这样或那样的用处是否能够得到进一步改善。”然而，事情的诡异却在于，随着博物学研究的进一步深入，尤其是非洲与东南亚类人猿的发现让欧洲思想陷入一片混乱。解剖学家进退两难，因为他们实在没法找到人类大脑在结构上与那些高等动物有何本质不同。于是，一个问题摆到人们面前：人体构造与动物、尤其是灵长类动物如此接近，那么，又该如何界定人与动物的关系呢？不得不承认，正是瑞典博物学家林耐迈出了关键的一步。他坚持把人纳入动物的一部分，将它置于不仅包括猿猴，甚至还包含蝙蝠的同一类别（灵长类）中，与大猩猩同归于人属。

这就说到人与动物的界限问题。其实不用专门的博物学研究，常识足可告诉我们，人类与哺乳动物至少在体质构造上存在着惊人的相似。正如本书所引用的一个例子，一位17世纪的英国学者去看一位妇女所生的畸形儿，得出的结论是，“本来是从男人受精，但是淋上了猴子的一点精液”。可见当时的人们还难以确立人兽的界限。正因如此，人更要牢牢守住自己的界限，以免与动物为伍，从而把自身降到禽兽的水平。人类学的例子也可作为佐证：美洲土著人有文身习俗，曾令白人大为不解。他们的解释是，若不在躯体上作些标志，人又怎么区别于动物呢？当然，欧洲人有自己的标准。就老百姓而言，比如他们极其反感母亲当众哺乳这样的行为，因为这等于是在公开暴露人的动物性一面。就哲学家而言，他们赋予人以独一无二的理性，那正是人之为人的本质所在。另一方面，由亚里士多德所提出的“存在巨链”在西方思想界可谓深入人心。从低等的矿石、植物，逐次往上过渡，直至动物、人类，万物都可在存在巨链中找到自己的等级位置。但正如本书作者所言，存在巨链实是一个暧昧的观念。一方面，我们可以从中发现人类的位置高高在上，俯视万物；另一方面，存在巨链的等级之间没有间断，它们组成了一个连续的过渡体。这似乎意味着，人与比他低一级的动物之间也不存在明显的界限。

或许这恰为达尔文进化论的出现埋下了伏笔。达尔文理论由两部分组成：所有生物（或物种）源自于一个共同祖先；物种起源的机制在于自然选择。20世纪以来的进化生物学更看重对于自然选择机制的研究，不过在19世纪，当达尔文理论刚问世时，让人们深受震撼的却是物种的共同由来说，尤其对于大众来说，它简化成了这样一个问题：人是从猴子变的？对于哲学家来说，人兽界限不分，人的地位何以确立？难怪有虔诚的信徒如此说道，上帝差遣耶稣来到人间，是为人类赎罪而来，决非为猴子。可见正是达尔文理论，首次陈述这样一个关键性命题：人在本质上与动物并无二致。就连人类的宗教感，在达尔文看来，当一条狗仰面看着它的主人时，在狗的心目中，或许主人就是它的上帝？可见达尔文对于人类自尊的摧毁彻底而又无情。而达尔文理论恰恰又是博物学研究的登峰造极之作，尽管博物学研究最初源于人类以自我为中心的实用追求。

人类中心主义观念的衰落还与近代科学的兴起有关。当年哥白尼提出日心说时，因为观察不到恒星视差现象而遭质疑。对此，哥白尼的回答是，那是因为恒星离我们太远了。但学者们却不能接受这一解释，在他们看来，为何上帝要造出如此浩瀚的宇宙，让恒星离我们这么遥远？显然这些学者完全基于人类中心主义的立场来看问题。不过无论如何，自从哥白尼迈出第一步，至少科学的进展与人类中心主义已是渐行渐远。直至19世纪，达尔文再次令许多人心烦意乱，他一举否定神意设计观，并且举例表明兰花的特征源于它在生存斗争中的优势，而非上帝特地给人提供审美对象。

说起人与动物的关系，也曾有过一个明显的转折。就在17世纪，人们饲养的狗仅具实用功能，用于拉车、拖雪橇甚至耕地。当狗老了，没用了，就会被绞死或者淹死。狗的得宠源于皇家带头开始宠爱闲狗。贵族们趣味相投，正如谚语所说，“不爱狗的人就不是绅士”，于是，养狗成为一种身份象征。猎狗常常比仆人吃得好也住得好。随着贵族的习气慢慢渗透于民间，到18世纪，英国人对动物的态度发生了根本变化。随着宠物与人建立起越来越亲密的关系，人们甚至高估动物的智力，比如以为终有一天，人可以教会黑猩猩开口说话。正如本书作者所言，如果没有英国养宠物的漫长历史，就难以想象达尔文会在《人类的由来》中提出这样的论点。在他看来，人与高等动物之间的智力差异只是一个程度问题，甚至如语言、道德、宗教这样的高级能力在动物中也至少已有萌芽状态的存在。

随着动物的日益得宠，1824年，防止虐待动物协会（后来成为皇家协会）成立，而且还通过了一系列议会法案，专门用以反对虐待马、牛、犬类等。并且这样的事业还能得到基督教义的支持：毕竟动物也是上帝的造物，就此而言，它们与人的地位是平等的。走笔至此，不由得想到了一个例子：19世纪的生理学家伯纳德一生以活体解剖为业，从而发现了诸多生理机制。但他的夫人却是一位虔诚的动物保护分子，在夫人的压力之下，他只好到地下室去做那些看似残酷实则重要的实验。好在伯纳德还有一间可供实验用的地下室。难以想象如果这样的热情再过头一点，当时的生理学、今日的医学又会是怎样的命运？

追溯欧洲人对待动物的态度，我们才明白，当他们满脸鄙夷地指责我们不懂文明，不懂人道，不懂善待宠物，甚至还食用狗肉时，殊不知，他们的先人在17世纪时的做法一点都不比我们更人道。那么，是人性在进步，还是环境在变化？作者提出的这一问题意味深长。用作者的话来说，“变化的不是人性情感本身，而是如何界定其适用的领域”，可谓精辟至极。人性是如此之古老，甚至可说，自从人与动物分道扬镳以来，人性基本上就没有多大的变化。我们身上流淌着大量狩猎–采集时代养成的习性。比如，严格说来，人天生就是懒散的，勤劳总是后天教化的结果。随着各地风土人情的不同，这种后天的教化因此也就呈现出了差异，比如在我国南方，鉴于人多地少这一客观条件，相对来说，南方人不得不更刻苦勤劳才有生存优势。既然在时间的长河中，人性未经历深刻的变化，那么，在空间范围内，也谈不上有人性的根本差异，东西方的人性之间本不存在对立。

不由得想到文人常爱发的牢骚：人心不古。用鲁迅笔下那个九斤老太的话来说，就是一代不如一代。其实这样的议论或牢骚只是文人的矫情而已。从古至今，人性无所谓堕落也无所谓进步，只是人性适用的范围在改变。因此，与其依靠道德教化的力量来劝服人们变得高尚，还不如用生活方式的改变以及随之而来的硬性制度约束来迫使人们不得不追逐高尚。就以人对动物的态度而言，仅当人通过技术进步的力量，自身不再需要付出如牛马般的劳力，并且有足够的闲情逸致时，才谈得上善待动物。

说到人与植物的关系，同样经历过类似的转折。人类文明的进步即始于清除林地，开垦耕地。因而森林常被认为是野性和敌对的力量，是原始与危险的同义词。可以想象，茂密的森林不同于平原开阔地，它带给人的是一种危机四伏的不安全感。所以，早期的人们也许会青睐菜园或耕地，但却不会亲近原始森林。砍伐林木被当作是英雄的业绩，据记载，就在1629年，有位猛士一生中砍倒了三万多株橡树。然而，砍伐的后果逐渐被人们所认清。正如1610年詹姆士一世所言，“如果继续容忍砍伐森林，像现在每天这样，就连一棵树木也剩不下了。”引用1670年一位船长说过的话，曾几何时，英国的森林过剩，把它们连根拔起对人们有益。但是那个时代过去了。

确实那个时代过去了。最先兴起植树的依然是贵族。这类活动的动机主要在于经济，木材可以开发利用，有利可图。但不得不承认，其间还有审美的动机。地主们通过刻意设计景观，把上好的耕地转化为点缀着树木的游乐场，以显示他们的财富，并通过不断植树，把庄园“装扮成花园”。1660年之后，君主带头开始植树。1664年，查理二世下令在格林威治种植6000多棵榆树；随后又修建三条林荫大道，从温莎城堡起延伸3英里。皇家的榜样被众多贵族所效仿，于是，优美的房屋“被花园、小径、狭长景观与林荫道所环绕，”形成“英伦岛屿一大特色。”

说起贵族们的植树动机，很是复杂，它是社会主张、审美主张、爱国主义与长期利润交织在一起的产物。当年海军用的木料大多即来自私人土地所有者，而不是皇家森林。问题在于，正如本书作者所言，这样的种植不仅需要闲暇与财力，而且需要政治安定与遗产制度，确信财产能够继承。因此，相比于动荡不安的爱尔兰，英国的植树活动兴起得更早也更见成效。难怪经济学家如此强调私有产权的重要性，从英国颇具规模的植树事业即可见一斑。

当植树成风之后，树林还被赋予某种人性内涵，难怪当时的浪漫派诗人，如华兹华斯、拜伦、雪莱、柯勒律治等留下了诸多赞美、咏叹自然景观的诗篇。在华兹华斯看来，任何道德哲学都配不上“树木的春意萌动”。美国的浪漫主义者爱默生则认为“在森林中，我们返归理性与信仰”。看来正是出于对森林的这种崇拜，美国作家霍桑《红字》中的一个片段才有解读的密码：茂密的森林中，海丝特向久违的情人丁梅斯戴尔敞开心扉，首次拿下身上佩戴的红字，并与情人密谋返回欧洲大陆的计划。霍桑之所以把这一关键的场景放在森林之中，就因为森林代表了圣洁、超凡脱俗，以此强调海丝特和丁梅斯戴尔的恋情，尽管在世人眼里看来是通奸，但实际上却是一种圣洁的爱情。这就是森林独有的人性力量。当然，乡村景致还为当时的人们逃离大城市的工业污染提供了避难地。当年的达尔文因不堪忍受伦敦的嘈杂和污染，最终选择在伦敦郊外定居。而他的物种起源研究，正得益对居所周围的自然植被的研究。

其实人与自然的关系总处于两难处境之中，正如作者最后所归纳的问题：要城镇还是要乡村；要耕耘还是要荒野；要征服还是要保护；它们也正是当下的中国所难以回避的问题。读完全书，令人深思的是，无论是植树，还是善待动物，最初总是从贵族开始，随后才成为民风所向。那么，在中国，富人们有无可能如英国的贵族那样，为全社会开风气之先呢？不由得想到一句西谚，三代才能出一个贵族。也许我们只能耐心等待，但要知道，自然界的耐心是有限度的。

关于火的故事

《火之简史》，斯蒂芬·J·派因著，梅雪芹等译，陈蓉霞译校，生活·读书·新知三联书店。

在诸多自然现象中，火，因其诡异凶险、野蛮无情，令人类对它既敬且畏，在必需亲密接触的同时，却又唯恐避之不及。希腊神话中的普罗米修斯为人类盗取火种的故事耳熟能详，故事的寓意也不难理解：人类的文明史正是起于对火的操纵乃至征服。然而，火对人类甚至地球，究竟意味着什么？火又经历了哪些演变，更确切地说，火相伴着人类，一路走来曾有过怎样惊心动魄的故事？就在译校《火之简史》的过程中，我被这些情节深深吸引，同时也被作者那富有激情的文风所深深打动。原来火的历史正如同冲天火光那样绚丽多姿！

首先，火是一种自然现象。着火燃烧必须要有三个要素的存在：氧气、燃料和点燃。原始地球的大气并无氧气，因而那时不可能存在火，没有火光照耀和温暖的地球只能是死寂一片，正如同今天太阳系里的其他行星。氧气是植物行光合作用的产物，与此同时，大片登陆的植物也为燃烧准备了充分的燃料。天公作美——正是闪电把氧气和燃料带到一起擦出火花。第一缕火光，大约闪现于4亿年前的泥盆纪早期。从此，熊熊火焰在吞噬一切的同时，也在为新生事物的登台作好清场准备工作。动物天生畏火，面临火情它们只能落荒而逃。但某些植物却在火中练就出非凡的本领：比如，芦荟的生殖器官被肥大而多汁的叶子保护从而免受火的侵袭；在一次肆意的燃烧之后，白杨的地下部分依旧会发出新芽，正如古诗所言：野火烧不尽，春风吹又生。更有甚者，某种甲虫具有感观红外线的器官，它可以探查到冒烟的树桩并作为巢穴；美国黑松的球果通常需在热量的作用下，其封口处的蜡才能融化。自然的造化就在于：火居然从凶险的对手变成了为己所用的盟友。

但人手更是巧夺天工。虽说生物有本领使火情化险为夷，但却无法主动地玩火于股掌之中。唯有人类做到了这一点。在自然界，氧气与燃料的结合纯然是一个随机的过程，需要有类似闪电之类的事件来牵线搭桥。但人类，却不仅学会了如何保存火种，更重要的是，还学会了如何点火，观察表明，黑猩猩也知道在寒冷的夜晚依偎在篝火边，但一旦余火燃尽，它们因不会续火而只好放弃。人类却有能力随心所欲点燃火花，这正是控制自然的第一步，它的意义甚至要超出人类首次踏上月球。

由于有了人类的介入，火不只是一种自然现象，而是成为一种重要的文化现象。火改变了日常饮食，它使那些有毒或太硬的食物去毒或变软，从而扩大了人类的食谱范围。更重要的是，火解放了我们的颅骨，使它无须用以支撑那些本该用于咀嚼生食的大块肌肉，由此头骨有了增大的空间，智力也才有栖身之地。火还驱走黑暗带来光明，驱走寒冷送来温暖。但火必须被精心看护、喂养——不能让它成为肆意燃烧的野火，同时又不能让它自生自灭。正是围绕着火，人类成为一个富有凝聚力的群体——有谚语为证：众人拾柴火焰高！在另一重意义上，“借火”成为一件富有象征意义的事件：在被借方毫无付出和失去的同时，却救借方以燃眉之急。或许道德的最初起源正与借火有关？

自从学会与火相伴，燃料的觅取随即成为人类文明史的主打旋律，因为氧气从来都不是制约因素。前工业时代燃料主要来自植被，因而一部人类文明史也就是驯化动物、栽培植物的历史，对于游牧民族来说，动物粪便是其主要燃料。但自从进入工业时代以来，煤、石油等埋藏于地下的生物遗骸代替新鲜植被成为燃料来源的大户。就此而言，我们甚至可以这样来定义工业文明：开拓除植被以外燃料的时代。由此引出的问题和争议无穷无尽，在此不作详述。但在《火的简史》中，作者关注的一个现象却值得一提：工业时代还带来一个特征，这就是明火的渐行渐远。

环顾日常生活，尽管火与我们仍是不离不弃，但明亮的火焰却被我们视为危险的信号而欲弃之。取暖用的炉膛之火不再燃烧，寒夜里陪伴我们的是种种电暖设备；照明用的烛火早已熄灭，点亮城市夜空的是种种照明灯具；至于烹饪用火，也大有被取而代之的可能：微波炉、电磁灶的崛起正在觊觎占领火最古老的用途领域。城市里功能齐全强大的消防部门则时刻严阵以待，以防患于未燃。种种焚烧行为，更是被视为不文明的现象而遭舆论谴责。照此下去，也许除非是在偶尔的火灾现场，或是在电视画面中，我们难得再有与火打上照面的时机。

是的，水火无情，玩火者必自焚。古老的谚语早就道出了火那凶险危害的一面。我们的生活须臾都离不开火，但我们又不得不时时防范着火的失控。工业革命的骄人业绩就在于，我们对自然的控制能力极大地增强了，包括对火的控制。我们享受着火带来的好处，但我们又欲将明火限制在尽可能小的范围之内。然而，这仅是人类的一厢情愿。一个严峻的事实必须引起我们的警觉：也许为安全起见，我们能够做到让明火走开；但在大自然的生态系统中，火却是重要的一环，难以缺席。以森林火灾为例：一场大火之后，土地裸露在阳光之下，灰烬大量吸收太阳的热量，成为催发种子萌芽的最好温床；火舌在吞噬一切的同时，也吞噬了妨碍植物生长的种种病虫害；炽热的大火还烤裂了岩石，为喜阳的拓荒树种开辟了道路等。可见森林的自燃恰恰是一种正常的生态学事件，而非人类眼中的火情甚至火灾。原始人类的刀耕火种，非但不是野蛮，甚至符合生态规律，因为它不会如精耕细作的农业那样对土地带来不可承受之压力。

学会用火是人类控制自然的开始，学会在用火的同时远离明火更是人类的一大创举。但熊熊火焰对人类而言果真只剩下了象征意义——如奥运会上的圣火？看来问题远非如此简单，关于火的故事能让我们明白许多。

闲暇着，是美丽的

《闲暇：文化的基础》，约瑟夫·皮珀著，刘森尧译，新星出版社。

关于希腊圣哲泰勒斯曾流传这样一则趣闻：他走路时因一心关注天空不小心跌至地面的一个坑里，一位年轻的小姐恰好路过目睹这一幕，于是在她的眼里，哲学家就成了只望天上、无视地面的怪人。这则故事也许令我们想到徐迟笔下陈景润走路时因沉醉于哥德巴赫猜想而一头撞到电线杆上的轶事。但两者的象征意义却有所不同。泰勒斯是专注于天空而忽略地面，用德国当代哲学家皮珀《闲暇：文化的基础》的话来说，人的头顶有两重世界：一重是星空，一重是屋顶。在我看来，人在星空下生活；在屋顶下生存。这就是说，屋顶给我们提供一个基本的生存场所，满足我们的日常所需；而星空，唯其遥不可及，才让人心滋生出惊奇，萌生出希望。我们立足大地，却仰望苍穹，于是，超越了生存，进入生活世界。

然而，在当今时代，我们绝大多数人终日为生存而奔波，殊不知，生活却正远离我们而去，它的突出症候就是“闲暇”的亏缺。是的，从小到大，我们一直被教导“工作着是美丽的”，而把工作的对立状态“懒惰”看成是一种恶习。那么，闲暇会不会是懒惰的另外一种较为体面的说法？否！皮珀恰恰将闲暇的对立面看作是工作和懒惰，工作和懒惰居然互为表里，这着实令人吃惊，它们的相同就在于：丧失自我。在此意义上，闲暇的定义就在于：和自己相协调并融为一体，或拥有自我。因而，闲暇是一种状态，一种境界，它意味着人彻底放松（其实是真正找回）了自我，从而与整个世界默契相融、心心相印。走笔至此，我生怕读者会掉头而去，因为这样的闲暇听来更多像是诗人追求的境界，与我们常人有何相干？那就让我们从工作说起。我们周围有太多的成功人士，他们来去匆匆，终日奔波于饭桌、会议桌、谈判桌（或许还有麻将桌）之间，他们当然不是在度假，而是在工作。他们的产出，说高尚些，是增长了国家的GDP；说低俗些，至少也是让自己的小家先富了起来。谁敢说工作着不美丽？然而，在满负荷的工作状态中，哪里还有自我的憩息之处？这样的所谓成功人士，若离开上述的“四桌”，灵魂就会无所依托，他们注定只能在各“桌”之间来回穿梭。当然，社会不全是成功或精英人士，还有些同样丧失自我的人，会议桌、谈判桌对他们来说高不可攀，小饭桌或麻将桌才是他们的安身立命之处，他们的生活状态则成为懒惰的写照。于是，在世人的眼中，他们是发奋工作的对立面。但在哲学家的眼中，他们与工作狂一样，灵魂同样都处于无所归依的处境，只是表现方式有所不同罢了。

但有一点不得不提，工作难道不创造财富？而闲暇创造了什么？哲学系的师生在课堂里争辩物质是真实存在、还是存在于观念之中，但下课后他们却无所例外直奔食堂，观念中的饭菜顶不了事。依此思路，工作不比闲暇更实在更可靠？是的，人须得首先生存，才谈得上生活；故人先得给自己盖上屋顶，才能出门去仰视天穹。想起一则流传甚广的小故事：一渔人在海边晒太阳，因他的捕获已足够当天所需。见状，一智者惋惜地说，你为何不更多捕鱼，更多赚钱，开个工厂，雇些伙计，到时你就可以天天晒太阳了。渔人答：我现在不正在享受太阳？回答是如此的平常，却令人回味无穷，在我看来，这乃是对闲暇的绝妙注解，即满足生存之后的彻底放松，怡然自得。但经济学家对此却有异议：渔人的做法看似潇洒，但一旦遇有风浪，很可能就会陷入困境，故智者的做法更为理性。对此，不妨引用《圣经》的智慧：你看那天上的飞鸟，有为明天的口粮终日担忧吗？也许上帝早就洞穿了人性的弱点：人因浮躁、虚荣或急功近利而守不住自我，却还找出种种理由来为自己开脱，比如，给工作罩上神圣的光环。更何况，拼命工作的后果很有可能导致巴西的原始森林——这一地球的肺脏——致癌！

就此而言，闲暇不同于工作，它不创造产值，不创造物质财富，纯属无用。但中国古人对此也早有心得：不以无益之事，何以遣有涯之生？就此而言，我极为欣赏人生中的游戏精神。古希腊人的率性至真，即源自于他们对这种游戏境界的追求。想当初，奥运会冠军所得奖品即为一个由橄榄枝编成的花环，波斯人不解，嘲笑他们全力奔跑，竟为得这样一个纯属无用的东西！但希腊人却认为，一个自由人所追求的境界岂能为奴隶所解？可如今我们绝大多数人却都成了可怜的波斯人，汲汲于功利，恋恋于红尘。工作，与其说让我们找到归宿，还不如说让我们埋没在俗事俗物之中失却自我。在黄金堆成的屋顶之下，我们不再对星空有所惊奇、有所期盼。

最后还须强调的是，说闲暇不创造财富，那仅是在物质层面上。记住亚里士多德的一句名言：求知出于闲暇与惊奇。我的理解是，那正是一个自由人才能达到的境界。

敬畏生命：引领我们进入感恩和感动

《对生命的敬畏：阿尔贝特·施韦泽自述》，阿尔贝特·施韦泽著，陈泽环译，上海人民出版社。

记得多年以前，我曾读到过一本精彩的人物传记——《天才博士与非洲丛林》，传记的主人公是一位欧洲学者，叫施韦泽，他在30岁那年毅然学医，为的是日后能去非洲丛林给黑人送去健康的人生；经8年寒窗苦读，在38岁那年，他终于获得从医资格，随即便踏上非洲的土地，来到位于赤道南边的加蓬共和国。在那儿，他白手起家，建立起一座丛林诊所，其间的艰辛可想而知。1952年，施韦泽荣获诺贝尔和平奖。这与其说是施韦泽的殊荣，还不如说是诺贝尔奖的殊荣，因为它有幸将这位伟人的名字镌刻在自己的丰碑之上。今天我们深切怀念这位伟人，不仅因为他对人类怀有的那份真挚的爱，还因为他在非洲丛林行医时感悟、倡导并实践了一种崭新的伦理信念：敬畏生命。

令人深感欣喜的是，《对生命的敬畏：阿尔贝特·施韦泽自述》刚刚面世，译者陈泽环正是上述施韦泽传记的作者。随着施韦泽本人的娓娓道来，读者有幸领略他那卓越人品及伦理信念的形成过程。施韦泽于1875年出生于法国（在法德交界处）一个新教牧师家庭，他自述从小有着较为优裕的家庭环境（相对于周围更多的穷人而言）、健康的体魄及相当的才智，这些优越的条件、天赋及运气并没有让他形成自负傲慢的习性，相反倒是常常让他自省：我不可以把这种幸运当作理所当然的东西接受下来，而是必须为此做些什么。让我深有触动的正是施韦泽的这一反省。当我们顺利地求学求职成家立业时，我们是否想过要为拥有这些理所当然的生活有所感恩、有所回报？没有，很多时候我们不仅没有这种自觉的反省，相反我们还时有不满，为生活没有赋予我们更多的运气而满腹牢骚、怨天尤人。或许这就是常人的处境。但对施韦泽来说，正是这样的反省促使他作出一个惊人决定：他要以一名医生的身份去黑非洲。在这之前，施韦泽已经获得哲学和神学博士，担任神学编外讲师的职务，在教堂布道，同时还是一名出色的管风琴演奏师，他完全可以在欧洲过上一种悠闲安逸的生活。但长期的思考终于使他明白，他的生命不是为了写下厚厚的学术著作以便晋升为神学教授，他要以行动来实现耶稣关于爱的教义，这就是说，天国的实现就在当下的伦理实践之中。非洲丛林更需要医生，因为那里的人们正备受病痛的折磨，有些疾病还是白人带去的，而欧洲传教士对黑人躯体的痛苦却无能为力。

施韦泽过人的才智在学医的过程中得到了充分的发挥，在而立之年开始学医，不惑之年即成为一名出色的医生。要知道在非洲行医的那些年，他必须独当一面地行使医生的各科职责。而他那健康的体魄也在非洲经受了考验。赤道的生态环境不是外人所能轻易适应，更何况他在行医的同时，还要从事砍树盖房卸货等种种高强度的体力劳作。顺便提及，本书对非洲丛林中的黑人及其生活习俗、环境有着生动的描述，令远离非洲的读者大开眼界。

那是在1915年9月，欧洲正在经历一战的腥风血雨，施韦泽却在非洲的丛林中首次萌生出了“敬畏生命”的伦理信念。在对传统伦理学作出反思后，他认为，仅仅只涉及人对人的行动的伦理学是远远不够的，人如何对待世界及他所接触的生命才更为本质。只有当人体验到所有的生命都是神圣的，他有义务去帮助处于危急中的生命时，才谈得上伦理。论及至此，一个困惑随之出现，生命所处的必然条件恰恰是，它必须以其他生命的牺牲作为代价才能保存和繁衍自身。在这一链条之中，植物也许是个例外，它的生存只依赖阳光、水和空气，但它却不幸成为其他生命存活的无辜牺牲品，用生态学家的话来说，植物处于生态系统的底部。或许中国的思想家老子早就看穿了这一无情的现实，所谓天地不仁，以万物为刍狗。就此而言，敬畏生命又从何谈起？然而，正因如此，一种道德境界随之脱颖而出。是的，自然不懂得敬畏生命，它以最有意义的方式产生无数生命，又以毫无意义的方式毁灭着它们。全部生命都受制于自然界盲目链条的束缚，但唯有人，它凭借自由意志挣脱了这一链条，就此登上了一种崭新的境界，它开始反思自身存在的意义以及与其他生命的关系，这就是道德的出现。正是在此意义上，道德价值与自然属性无法相容，道德的“自由”正是在此意义上而凸显，因为自然无所谓自由，它仅遵循必然规律。所谓水往低处流，是一种自然规律，但人往高处走，则是我们的自由抉择。尽管我们每天都不得不通过“杀生取食”而求生，但从敬畏生命的情感出发，我们却可以面对这样的现象反躬自问：当达官贵人们在餐桌上暴殄天物；当一名大学生将硫酸泼向一头黑熊；当“二战”期间的日本士兵将刀枪对准一位平民；尤其，当众多劳动者的生命得不到应有的保障珍重；诸如此类，是能为天理所容的道德行为吗？一旦萌生此种情愫感思，我们即已进入道德的林中路。

就此而言，敬畏生命是道德生活的开端。通过此一信念，我们体会与所有生命同苦乐共悲欢的境界，这就是休谟所说的最高贵的情感的出现：同情。道德的大敌是麻木不仁。由此令人想到中国的儒家学说。仁者，何也？亦即将其本心从麻木的境地中脱离出来，它源于中医所说的不仁，指人的四肢末端失去知觉。可见古今中外的思想境界在核心深处是相通的，因为那正是人性所向。远离麻木，则意味着人心本该拥有某些敏感的东西：对他人不幸痛苦的感受；对自己所得所有的感恩；对美丽崇高的感动。或许该扪心自问的是，我是否已有这样的感情？

关于人与人之间的关系，施韦泽有一个极为生动的比喻：我们好比行走在昏暗之中，偶尔的一席交谈，犹如一道闪电，照亮彼此的心灵，但很快我们又重返昏暗。于是，人与人之间相处决不是要识透走进对方心灵深处，而是通过信任和爱来建立、维系我们彼此间的纽带。多么深遂的生活智慧！朋友、恋人之间，还有比信任和爱更重要的纽带？当我们一心想要看清对方的所谓真面目时，这不只是对隐私的冒犯，它其实已为猜疑和分离埋下了种子。

施韦泽漫长的一生经历是道德领地的一座丰碑。他真正做到了“坐而论道，不如起而行动”。然而，他的行动却是源于他那独特的伦理信念。他说，善良如同燃料，它根植于每个人的内心，但点燃尚需外界的火种。现在施韦泽已为我们奉上了火种，我们的心是否已被焐热从而不再麻木？

面对瘟疫的人类

《逼近的瘟疫》，劳里·加勒特著，杨岐鸣、杨宁译，生活·读书·新知三联书店。

记得大学临近毕业时，一位同学在报考研究生时选择了一门冷僻的专业：寄生虫学。旁人不由得如此打趣：这样的专业毕业后恐怕难以申请去美国留学的奖学金。言下之意，只有穷国才会面临寄生虫问题，人家发达国家早就摆脱了此等危害。可见公众（甚至还有专家）已经默认，人类有能力征服各式各样的传染病，需要的只不过是金钱。这样的说法是否站得住脚呢？当我放下“逼近的瘟疫”一书时，不由得沉重地叹了口气。

在某种意义上，瘟疫非但没有远离今天的人类（包括发达国家），而且大有步步逼近之势。

当然，上述的乐观主义决非空穴来风。20世纪40年代问世的抗生素，使得过去许多致命的细菌性传染病不再可怕。还有就是对天花的征服。本书生动描述了这一过程，甚至还有惊险场面：在孟加拉，一位法国医生孤身进入一个杀人团伙据点，面对枪口为匪徒接种牛痘。1977年10月26日，世界上最后一例天花在索马里被发现。自此以后，天花成为绝灭物种（仅在实验室里保存供研究所用）。天花的根除用了11年，耗资3亿美元。人类有理由为自己取得的这一成就感到骄傲。于是，下一个目标就是疟疾。疟疾的中间寄主是蚊子，在DDT的强大威力之下，蚊子一命呜呼，疟疾发病率明显下降。1956年，据一位专家估计，不出十年，即可在地球上根除带疟蚊子。这正反映了当时科学界的主流看法。一位教授甚至如此对他的研究生说，我根本不该鼓励你研究医疗昆虫学，这是一个没有前程的领域，DDT杀了它。幸亏这位学生坚信，DDT不是最后的答案。还有一位严肃的学者也在关注此领域，她忧心忡忡地指出，“由于我们的努力，我们的敌人——昆虫变得更强大了。更加糟糕的是，我们可能已经毁坏了我们作战武器”。这位有识之士就是蕾切尔·卡逊——《寂静的春天》一书的作者。事情的进程正如卡逊所言。DDT等杀虫剂短期效果绝对明显，但长期来看，尤其当不加节制地滥用时，不可避免会导致昆虫产生抗药性。

说起来，杀虫剂的滥用还与20世纪60年代联合国发起的绿色革命有关。在世界银行的资助下，第三世界大量原来休耕或混种的土地，被改造为单一经营的耕地，以大量种植并出口各类经济作物，遂导致害虫的大规模爆发。这是因为当多种作物同时存在时，它们的天敌——害虫也是多样化的，由于存在竞争关系，某一种类的天敌不致过度繁殖。然而，当这种多样性被单一种植的生产方式破坏之后，所谓的虫害就爆发了。农民的对策就是大规模使用杀虫剂。在杀死害虫的同时，益虫也随之遭殃。更糟的是，一旦害虫产生抗药性，缺乏竞争对手的它们更是大肆泛滥。

事实证明，杀虫剂不可能根除所有害虫。蚊子还会卷土重来，雪上加霜的是，甚至过去的特效药氯奎都不再有效，因为疟疾已产生抗药性。有些国家居然决定在食盐中加入氯奎，这使问题更加绝望。看来世界范围内消灭疟疾的目标难以实现。回过头来，专家们才备感根除天花的巨大成功实在是件违背常理之事，乃因天花有其特殊性。根除天花的成功具有不可复制性。

人类注定要与各种各样的病菌共存亡，从进化史的角度来看，细菌等微生物是地球上最早的一批居民，与它们的古老相比，人类作为一个物种的寿命不值一提。其实大多数的细菌都能与人体和平共处。新生女婴的阴道几小时后就能检测到细菌的存在，正是细菌的存在阻止了霉菌的侵入。不少细菌甚至还与人体建立了互助合作关系，比如肠道细菌，这就是抗生素有时会造成腹泻的原因。既然如此，流行病又从何说起？

其实各种病原菌泛滥的根本原因不外乎两类：生态环境或宿主的生活方式发生急剧变化。以本书开头介绍的玻利维亚出血热为例，这是一种由马丘波病毒引起的致命传染病，20世纪60年代早期夺走了不少人的性命。研究结果表明，该病毒通过成年仓鼠的尿液而传播。这一切又肇始于1952年玻利维亚发生的一场革命，动荡之后的当地民众突然发现生活没了着落，于是不得不砍掉马邱波河边上茂密的丛林以便改种粮食和蔬菜，此举打破了当地野鼠的天然习性，它们突然之间有了一种新的食源——谷物。顿时，老鼠数量激增，它们一边偷吃粮食一边随意撒尿，无意间充当了病毒的使者，随即招来一场来势汹汹的瘟疫。这就是生态环境急剧变化所带来的恶果。也许读者会奇怪，为什么老鼠感染病毒就没事？小鼠确实死掉了，大鼠吃小鼠尸体，有轻微感染但不致命，大鼠相当于通过这种方式使自己获得免疫力。这就是生物界的生存法则。

至于艾滋病的流行，则是宿主（人类）生活方式发生急剧变化的典型例子。据本书给出的专家看法，艾滋病毒已有上千年的历史，原本就存在于灵长类（包括人类）之中，但感染和发病率极低，基本上不构成危害。事情的转折在于人口的迁移，尤其是从偏远农村地区向非洲城镇的迁移，一旦病毒来到城市，随即面临一个崭新的环境，由于城市人口不固定的性对象，再加上静脉吸毒，血液制品的传染，还有同性恋特有的交配方式，等等，艾滋病毒随即进化成为一种凶险的致病源。

正因为传染病的爆发是生态环境及其人类生活方式的急剧变化所致，因而它的根源不只是与病原菌的存在有关，更与人类自身面临的诸多问题有关。因此对付它的策略不仅与微生物学有关，更与政治学有关。为何非洲的各种病原菌层出不穷？当然这与非洲作为热带雨林的物种丰富性有关，毕竟非洲还是人类的诞生地。但更重要的还在于，这与非洲动荡的局势、贫富差别的日益加大及其战争等因素有关。本书以诸多事实强调这一点，引人深思。

本书还是一本精彩的科学及其方法论的教科书。关于什么是科学及其科学方法，作者不着具体一字，但字里行间却是对此问题的最好回答。以军团病的爆发为例，1976年7月，一群参加过“二战”的老兵在费城的四个饭店聚会，结果爆发一场莫名其妙的急性肺炎，甚至有人死亡。究竟是什么病原菌在作怪？对于大众来说，我们只是期待媒体通报专家给出的答案，至于其中的具体过程则完全被忽略了。但科学家并不是神，他们也要通过艰苦的实验摸索才能给出答案，本书对此过程的生动描述恰好回答了什么是科学方法这一严肃的理论话题。直至1977年1月，才最终探明原来这是一种隐藏于空调管道之中、从前不知道的细菌在作怪。行政部门要求实验室专家赶紧公布结果，因为美国人民早已等得不耐烦了。但专家坚持应当通过一个科学杂志来发表这一结果，即便因此会拖上6~9个月，也有必要，这是为了维护科学的信誉。在我看来，这，与其说是科学家的迂腐，还不如说是科学的严肃性所致。纯正的科学拒绝所有急功近利的浮躁作风。最后妥协的结果是，疾病控制中心下属的刊物正好4天后可以出版，于是，专家同意将结果发表在该刊物上，双方的要求都得到了满足。

什么是科学？科学不只是申请经费和争取发表论文，科学甚至需要献身精神。本书描述的不少情节让我感动，因为研究对象是未知、致命的病原菌，这就决定了研究者不仅要忍受热带丛林恶劣的生存环境，更须承担巨大的风险，他们中的不少人甚至自身染病奄奄一息。然而，他们对自己的工作依然是义无反顾。

最后值得一提的是，本书体裁类似于报告文学，有生动的情节和人物，还有相关科学知识的通俗介绍，但却没有煽情的渲染。流畅优美的译文也为本书增色不少。

生态学与经济学的冲撞

《生命的故事：世界著名科学家回顾生活，展望地球生命的未来》，希瑟·纽博尔德编著，甄宏、郭武文译，曾贤刚、季成叶校，中国人民大学出版社。

手头刚刚写完一篇关于哈耶克传记的文章。哈耶克是1974年诺贝尔经济学奖得主，以自由主义而著称。公认的事实是，他的自由主义思想曾为英国前首相邱吉尔、撒切尔夫人、美国前总统里根等政坛名人所青睐。这些天来，我满脑子是哈耶克所用的经济学术语，如秩序产生于自发竞争、个人利益与道德和自由的关系等。出于大脑放松的需要，我随手拿起一本内容较为轻松的读物——《生命的故事》。本书由世界上16位著名生态学工作者的自述辑成，其中较为读者熟悉的有：盖娅理论的提出者詹姆斯·洛夫洛克；《人口爆炸》一书的作者保罗·埃利希等。不约而同的是，作者大多自述了早期与自然环境打交道的体验，正是这种体验，引导他们走上生态学研究的道路。这些文章不仅记下了他们的成才经历，概述了他们的主要工作，更重要的是，还表达了作者对人类未来的关切忧虑之情。触动我心弦的是，生态学家与经济学家说的似乎是两套语言，它们一旦交锋，带来的则是冲撞。且看书中例子。铃木戴维说他第一次上经济学课时，只听教授如此教诲："人道、共享和合作是经济的无理性行为。只有自私行为是有理性的。这是现代社会建构的基础。"尽管我们都有自私之心，但听到有人如此理直气壮地为自私进行辩护，总不那么自在，至少它有悖于我们所受的基本道德教育，难怪铃木闻听此言，差点就逃之夭夭了。但是，经济学的鼻祖亚当·斯密其实早就看穿了这一点。他指出，正是个人利益的驱动造就了一个有序的社会，我们有面包可吃，不是因为面包师的慈善，而是因为面包师对其自身利益的追求。哈耶克将此称作秩序来自自发的竞争，并且认为这是市场机制的正常运作模式。可见自利在经济学家那儿是一个合理的逻辑前提。

在这一问题上，生态学家（还包括我们这些大众）的反应几乎是出自于本能，我们习惯性地将合作、利他放在竞争、自私之上。在哈耶克看来，这恰恰是一种怀旧情绪在作怪。因为人类曾在一个很长的时期里生活在一个小规模的群体中，故休戚与共、同舟共济为彼时的美德；但当人类社会进入市场经济以后，彼时的美德在此时就不再适用。显然，我们对素未谋面的人们难以生出测隐之心，故竞争、自利就成为维系市场社会的基本准则。

从根本上来说，经济学与生态学的冲突体现在对自然资源的态度上。当经济学教授开始图解其理论时，铃木戴维问："图表里哪里是空气、水、土壤和让我们星球可以生存的其他生物？"回答是："这些是外部性。它们不是经济学的内容。"听毕此言，他掉头就走。确实，在经济学家的眼里，自然资源不进入成本核算系统中，除非它产生了经济效益，而产生经济效益的前提就在于它被使用。哈耶克的看法就颇具代表性："彻底地享用大自然慷慨的馈赠，就如同彻底地开发或利用储藏资源一样，既谈不上浪费，也不应当受到谴责。"产生这种分歧的根本原因在于：经济学家以人为出发点，而生态学家则以物种为出发点。在后者看来，人只是自然界诸多物种中的一个，人的疯狂增长及由此带来的对自然资源的大肆滥用，将对地球上其他物种带来致命威胁，最终也将危及到人类自身的生存。正如本书作者之一保罗·埃利希所说，地球上有两种系统立志要无休止地增长：癌细胞和经济学家。在这两种情况下，无法停止的增长的不可避免的结果是相同的，那就是死亡。还须补充指出的是，经济学家的增长目标恰恰是得到利益集团的支持的，而利益集团的代表人物就是政客。本书所披露的事实是，1981年，里根总统解聘了总统环境质量顾问团的全体专业人员，故在本书作者看来，里根执政期是一个黑暗的时期，是美国历史上最反环境的时期。但与此形成对照的却是，里根总统被民意视为是政绩出色的总统。这一反差令人深思，可见大众，更不用说那些利益集团的得益者，往往是用挣钱的多少，或经济增长的多快，来衡量一个政府的政绩的。对大众来说，眼前利益是挡不住的诱惑。

那么，经济学家和生态学家，孰对孰错？在我看来，如哈耶克这样的经济学家，对人性的揭示是深刻的，对市场体制的把握是到位的。不过，在经济学家看来，自然资源终究是被人享用的，而不是被人膜拜的，故保持自然资源的可持续发展才是关键所在。这种可持续性，一则取决于技术上的进步；再则取决于市场的调节。经济学家对市场的信心可见一斑。市场能够合理调配人力资源，这已是一个不争事实。但市场是否能够同样合理调配自然资源，尚存疑议。考虑到人的自私性，这正是经济学的逻辑起点，这一疑议恐怕更难以乐观对待。经济学家常常将市场机制与物种的演化机制进行类比，若将市场比做是生存竞争的舞台，那么，莺鸟的故事也许在此值得一提。在南美的加拉帕戈斯群岛上有种莺鸟以仙人掌里的花粉为食，有些莺鸟为了吃到更多的花粉，干脆用喙折断柱头，它们也许比别的个体有了更多的生存机会，但后果却是仙人掌的绝灭，最后的结局自然是整个莺鸟种族的灭绝。这就是个体行为的短视、局限带来的悲剧。

但愿人类不要步那莺鸟后尘，那么，就多多倾听来自生态学家的声音吧。正是从《生命的故事》中，我听到了来自生态学家的心声。

跋

文 /田洺

好友陈蓉霞生前拉拉杂杂写的涉及面颇广的书评、序跋及短文，被专注于科学文化书海拾贝的科学普及出版社结集出版，编辑嘱我写一篇后记，我竟然毫不犹豫地答应了。

近些年，有些正值当年的密友相继去世，有编辑约我写点什么，我都回绝了。2014年陈蓉霞去世不久，有编辑约我写点纪念或回忆文章，我当即也回绝了。不是我绝情，而是我对于有感情联系的人，亲情或友情，不忍也不能下笔。时间真快，陈蓉霞故去已近两年，悲恸之情舒缓了很多。

我和陈蓉霞曾经是同道，也是很好的朋友，她把我引为密友，无话不说，包括她曾经的家庭，她的提职不顺，以及她与母与女的日常小矛盾。我却没有同等待她，她的不幸已经够多了，我不想让我的工作和生活中的跌宕再去烦她。只是听闻的同时，真诚地劝慰她，纾解她的烦闷。她查出癌症不久便告诉了我，我本想帮她在北京治疗，因她离不开上海而作罢。她病重期间，我也在住院，通了几次电话，可惜我不是牧师，她也不是教徒，安慰的着眼点都很世俗。我甚至没有劝她相信医学的进步，因为比她病轻的我接受医学治疗效果都不是很好。

陈蓉霞比我勤奋，生命不长，作品不少。这代人有做学问的死穴：缺乏资料，缺少当代学术的专业训练，缺少可以相互砥砺的同行。这一切都会导致后人写这个时代的学术史时不知该如何下笔。但毕竟还有些筚路蓝缕、薪火相传的人，有些夹缝中顽强而勤奋生长的人，他们尽其可能，像沙丘植树一样，艰辛而渐次改造学术土壤，移译尽可能多和新的学术著作，介绍世界某些领域的进展，陈蓉霞就算得上是其中值得人们记住的一位。她翻译了很多书，写了不少论著，并通过讲课和讲座，传播着生命科学史的有关知识。虽然生命科学史这门学科至今仍凋零残缺，但我相信终究会振兴起来的。到了那一天，希望同道不要忘记这位瘦弱顽强、执着不息的女子，她算得上是其中一块坚实的铺路石。

2016年4月11日

哲学家·陈蓉霞

上海师范大学哲学学院科学技术哲学教授，博士生导师。长期从事生物学哲学及生物学史、生命伦理学、科学哲学、科学与宗教等方面的研究与教学。在生物进化论史及其遗传学史、当代生命科学前沿的伦理学、进化论与宗教间的关系等问题上见解颇深。著有《进化的阶梯》《生物学史名著赏析》《破译生命的密码》《两性冲突》《时间舞台上的物种》等科普图书；译著包括《道德的动物》《隐匿中的奇才》《起源之战》《适应与自然选择》《树梢上的人生》《安妮的盒子》等；发表论文及评论百余篇，在学界及社会中反响良好，为《东方早报》特约评论员，《中华读书报》书评人。

2014年6月7日，陈蓉霞老师不幸因病离世。

概述·是什么引诱了我们

这是一本作者近年来科学阅读的书评合集，所论图书计51本。作者通过自己独特的视角以图书评论的方式，写出了对科学的认识和对社会问题的思考，在与公众分享科学与文化知识的同时，向公众传播阅读与思考的重要性。

在琳琅满目的科学图书中，此书称得上是读者与图书的桥梁。它更是作者欲通过某些读物，启发读者（有关科学的）“课外书”应该读什么以及可以怎样读的媒介。

现共分为三大类：

道德·情感·进化篇

科学·哲学·宗教篇

社会·文化·反思篇